思春期センサー

思春期センサー

子どもの感度、大人の感度

Keiko Iwamiya 岩宮恵子

岩波書店

はじめに――思春期センサーという視点

ふつうとフツー

どんなに社会の様相が違っても、身体や意識が劇的に変化していく思春期が難しい時期であるのは同じである。そう簡単に人間が成長していくプロセス自体が変わるわけはない。

しかし生まれたときからネットが存在するデジタルネイティブのひとたちと、それ以前の環境のなかで育った世代の思春期では、表面的な問題の出方はかなり変わってきている。SNSで不特定多数のひとたちと情報の即時共有が可能になる世界で育った子どもたちと、手紙や自宅の固定電話で個別のやりとりをする以外は対面がメインだったなかで育ったひとたちとは、当然、何かが違ってきている。この環境の変化の影響を受けて、表面の部分は一見、ずいぶん変わってきているようにも見えるのだと思う。

拙著『フツーの子の思春期』(二〇〇九)ではこの変化の部分について、「表層」でのエピソードにとことん注目することで見えてくるものを中心において、トラッドな「ふつう」の思春期と、今どきの「フツー」の思春期の違いについて考えてみた。

「ふつう」なら悩むであろうと思われるポイントで悩まない、困っているのは周囲だけで本人は困っておらず、葛藤をとことん回避しているのか、もともとないのかわからない。「ふつう」ならこの状況では自分の非を認めて謝るはずなのに、まったく認めない。それもただの強情とは違う感触がある……。また「ふつう」なら他者からどう思われるのかということに敏感になるであろうと思われる状況でも、ごく限られた数人については過剰に気にする一方で、その他のクラスメイトに対しては一切、その存在も視線も気にしないことが増えている……。その他、従来の「ふつう」では考えられなかったけれど、それが「フツー」になっている様子が見られることについて、いろいろな思春期の子の語りの紹介や、アイドルへのコミットの仕方、人気のある漫画などの分析からあれやこれやと論じてみた。それからあっという間に一五年が経った。

共同体の変化

この間の臨床心理の相談現場を振り返ると、前回の『フツーの子』で論じたことがよりクリアに表面に出てきているように思う。そして「大人」として子どもを育てる責任を負うことが難しくなっているひとたちが親になっているために起こる問題が、より顕在化している。そして家庭内などでのさまざまな深刻な状況についての働きかけが、思春期の心理について考えるよりも優先順位の高いこととして重要視されることが増えてきた。そのため、どんな福祉的な支援が必要になってくるのかとか、学校以外の居場所を見つけることが可能なのかといった環境調整についての見立てを考えていくことや、「こういうときにはこうするといいですよ」というような具体的な生活支援的なアドバイスを求められることも増えている。

それは、ひとの生活を支える「共同体」のあり方の変化が進んできていることと無関係ではないだろう。今は、同じクラスだから、同じ部活だから、近所だから、同じ校区に住んでいるから、などという「場」に所属していたら自然とその一員として認められるという「共同体」が成り立ちにくくなってきている。この傾向については前著でも触れていたが、それがもっとくっきりと際だってきた。もちろん、そういう「共同体」が成立しているところもある。でも、いろいろな問題の背景には、「場」の守りがないなかで、自分自身の人間関係のスキルで、自力での共同体を作らなくてはならなくなっていることが増えてきているように思う。

そのため、「場」で縛られた「共同体」で束縛を強いられているひとたちの苦しみと出会うことよりも、自力で「共同体」を作るために繊細な「コミュニケーション能力」が求められるようになっているがゆえの苦しみに出会うことが臨床現場では圧倒的に増えている。しかも、この「コミュニケーション能力」というのは、ひとりで完結する能力ではなく、相手の反応によって高くも低くもなる部分が大きいため、余計に息苦しさが高まっているのを感じる。

そういうこともあるから「環境調整」という方法をとって、そのひとの基本的な生活を守るための「共同体」を整えるプロセスが重要になってきているのだろう。具体的な生活支援的なアドバイスにしても、それは「ふつう」なら、家庭か共同体で自然に与えられていたものだよな、と思う。そこを臨床の現場でも担わなくてはならなくなってきた部分があるのだと感じる。

そのようななかで、環境調整や生活支援的なアドバイスをするにしても、今の思春期のひとたちが生きている世界や、どういうことが表面的な出来事の裏側にあるのかについて考えておくことは、重要なことだと思う。

全年齢に広がる思春期心性

前著から今に至るまで、思春期だけではなく、さまざまな年齢の方たちとの臨床現場での面談(以下「面接」とする)をずっと続けてきたが、その実感としては、「思春期に特有の心理的な特性」とも言うべき「思春期心性」が、全年齢層に広がってきている部分があるように感じる。

拙著『思春期心性とサブカルチャー』(二〇二四)では、面接で語られる漫画、アニメ、アイドル、ゲームなど、日本が世界に誇るサブカルチャーについて、思春期心性との関係のなかで論じてみた。「推し活」という言葉がここまで一般的なものになるとは、二〇〇九年当時は思ってもいなかった。そして「推し活」によって生きる意味を見出しているひとたちが、全年齢層(七〇代、八〇代にも!)に広がっていることと、思春期心性があらゆる年齢のなかに見られていることは、関係があるのではないかということについていろいろな角度から考えてみた。

この背景には、社会の急激な変化があると思う。ＩＴ関係の発展のスピードについて、早い時間感覚で生きているネズミになぞらえて一年が一八年分になるマウスイヤーという言い方をされたり、江戸三〇〇年を二〇年で駆け抜けているという言葉を耳にしたりすることからも感じ取れる。

このような表現に示されるように、常に激しい変化のなかで今を生きている私たちのこころは、「思春期」という内的にも外的にも激しい変化を生きている時期のこころの特性とシンクロする部分が多々あるのではないだろうか。私たちには、思春期を終えた挙げ句の大人という到達点が見えないなかで、永遠の思春期を生きている部分があるように思う。

「思春期」は、変化の最中にあるだけに安定感がなく、さまざまな精神的な不調の好発期にもなっている。そういうマイナス面も全年代に広がってきている一方で、好きなものに夢中になるエネルギーはあるという思春期心性も全年代に広がってきているのだと思う。「自分探し」をするひとは少なくなったが、「自分には推しがいない」という「推し探し」が切実な問題になるひとたちもいるのである。

思春期センサーという視点

さて、この本のタイトルにもなっている「思春期センサー」について説明しておきたい。

周囲の変化と自分自身の変化にこころがついていくことができず、不安定で誤作動も多々起きるし、他者からの働きかけについても敏感に反応してしまうし、非常に傷つきやすい。そして何かにエネルギーを注ぎたいと思ってはいるが、それを自分自身に向けて上手く使うことができず、それがまた自分のなかで沈殿して苦しみを深めていくことにもなる……。思春期心性のこのようなしんどい側面は、臨床の現場で出会うすべての年齢層のひとたちの状況と重なる部分が大きい。

このことをどうとらえたらいいだろうと考えるなかで、ふと、「思春期センサー」という言葉が浮かんできた。先にも述べたように、思春期心性というのは、思春期特有のこころの特性や感性を示すものである。この思春期心性の感受性の感知装置を「思春期センサー」と名づけてみるとどうだろうか。

思春期心性のマイナス面をセンサーが感知してばかりだとそれはとても苦しい。しかし、治療関係を含むさまざまな状況のなかで、このセンサーが「何か」を感知したときには(それはふつうのひとから見ると、そんなことが…?と思われることでも)、それをきっかけにしてこのひとたちは、見事に変化を遂げることもあるのである。思春期センサーは、創造性とも関係しているのだなと感じる。

そして、考えていくうちに別の側面にも気がついた。思春期心性の否定的な側面によって苦しんでいるひとたちに関わる立場の人間が、そのようなセンサーをもつことができれば、理解をぐっと深めることができるのではないだろうか。

つまり、思春期センサーが感知したものを、クライエント自身がどうとらえていくのかという本人側の視点と、この感知装置がとらえようとしている「何か」が、表現として生まれるプロセスやそこに含まれている治療的な意味を大事に見ていこうとする外側からの視点との、両面から見て行くことが必要だということである。

それは、自己治癒力としての「思春期センサー」が活性化していくときに、本人のなかにどういうことが起こるのか、そしてそれが活性化するためにはどういう環境が必要なのかということとしても言い換えることができる。考えてみたら、これはごく当たり前の臨床の視点ではあるのだが、「思春期センサー」という視点を持ち込んで見直してみることで、何か新しいものが少しでも見えてきたらいいなと思っている。

事例の紹介について

さて、以上のようなことを前提に、この本では、臨床心理の相談現場から見えてきたことについて紹介しながら、ネットの存在によって変化を遂げているように見える現代の思春期と、その奥にある、変わらない思春期のありようについて深掘りしつつ、「思春期センサー」という視点を加えて理解の方向性を探索していきたい。

なお、紹介している事例はすべて、学会や学術雑誌での初出時に許諾を得ていたが、今回、改めて個人が特定されないように事実関係について変更を加えたものをご本人に確認していただいた。描画については原本ではなく、私が模写をし、箱庭もすべて私の再現したものを掲載することにした。また、エピソードとして触れている事例についても、いくつかの共通項がある事例を構成しなおして、個人が特定できないように配慮している。

思春期という時期がもつこころの奥にある物語を読者のみなさんに知っていただき、全年齢にも通じる「思春期センサー」という視点について一緒に考えてみていただけたらと思う。

目次

目　次

III

2章

Aくんが最初に作った箱庭1

Aくんの最後の箱庭3

Aくんの箱庭3（拡大）

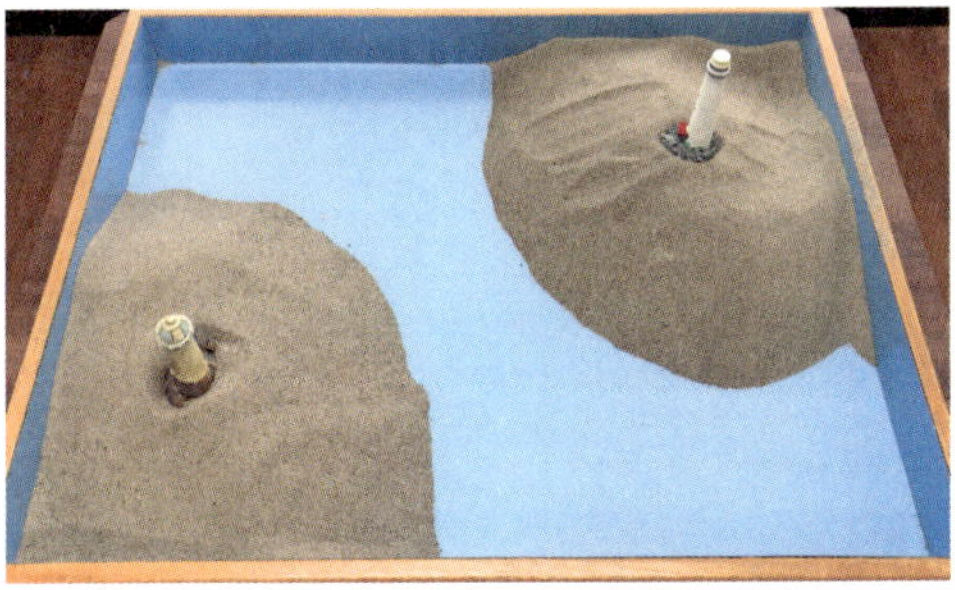

Nさんが最初に作った
箱庭1

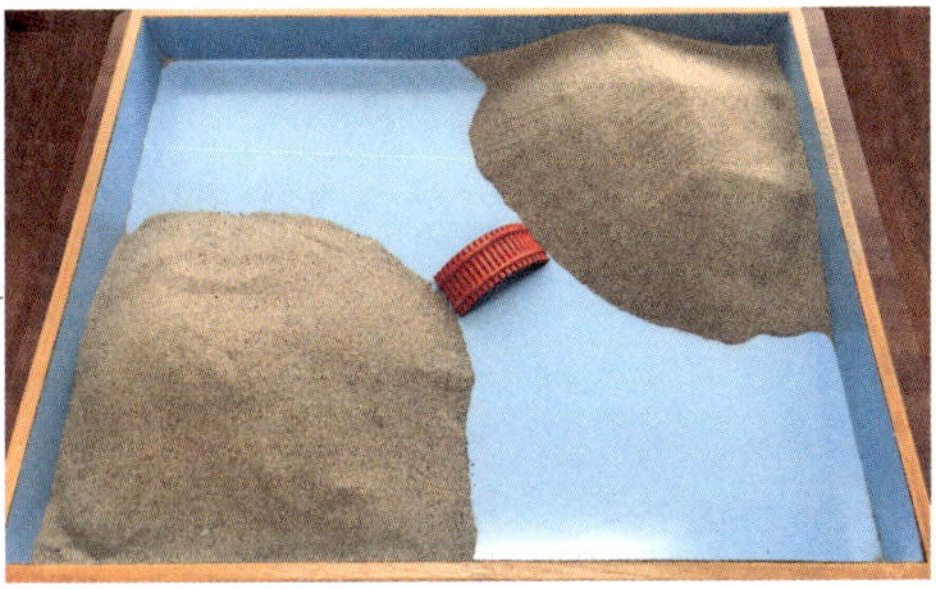

Nさんが二番目に作った
箱庭2

Nさんの箱庭4

いつメンのケアがしんどい

同じいつメンのなかの
キャラかぶりはＮＧだから

いつメンはいるけど、
友だちじゃない

ぼっちという烙印を押されるのかと恐怖を

いつメン以外は異文化交流

I

1章　思春期をとりまく現状から

「いつメン」と「ぼっち」

友人がいないとか、孤独な身の上であることなどという意味で「ぼっち」という言葉が使われるようになって久しい。読者のみなさんも聞かれたことがあるだろうし、自分でも使ったことがあるという方もおられるだろう。もともとはインターネットスラングだったようだが、それくらい「ぼっち」（ひとりぼっち）は、身近な言葉として私たちの生活に溶け込んでいる。

思春期の子どもたちにとっての学校における最大の恐怖は「ぼっち」になることである。「ぼっち」が思春期の子どもたちの単なる流行語として廃れていかずにこれほど一般に広がり、誰もが知る言葉になっていくとは、初めて面接場面で耳にしたときにはまったく想像もしなかった。それほど万人に深く刺さる言葉なのだろう。

では「いつメン」（「イツメン」とも）という言葉をご存じだろうか。これは「いつものメンバー」とか「いつもの面子」というところから生まれた言葉らしい。「いつメン」と「ぼっち」というキーワードは、思春期の子どもたちと会っていると耳にすることが多い。この言葉は、学校で起こっているさまざまな問題の裏側にあるものを示している部分があるように思う。

学校現場ではカッコイイ一匹オオカミは絶滅危惧種である。いや、実感としてはもう絶滅している。

ひとりで群れから離れていると、それだけでつるむ「いつメン」もいない「ぼっち」だと思われてしまうのだ。

スクールカウンセラーとして学校現場に関わっていると、子どもたちが人間関係維持のためにどれほどのエネルギーを遣っているのかということを痛感する。思春期センサーをそのために特化させているのではないかと思うほどだ。

「ぼっち」になることを恐れて誰かとつながっていることを強迫的に求める子が多くなり、男子にも、これまで女子特有と思われていたような人間関係の複雑さが生じることも増えてきている。

学校で「ふつうに」過ごすためには、どこかのグループに属しているという結界が以前にも増して重要なことになっている。そのグループの「いつメン」が仲のよい友だちとイコールであれば、それは最高に居心地がよくて学校は楽しい場になるのだが（もちろん、そういう幸せな子どもたちもいる）、実のところそうではないことがけっこうある。

本当はまったく気が合わず、気を許すこともできないひとたちと、ものすごく気を遣いながらいつメン状態を維持している子がかなりいる。大人からみると仲がいい友人同士だから一緒にいるのだろうと思える場合でも、「友だちとして求められているわけではない」「自分は数合わせの人員だから」と苦しげにつぶやく場合もある。どう考えても対等な関係ではなく、つらいことばかりがあるようなのに、どうして無理矢理作り笑いをしながらそのいつメンたちと常に一緒にいるのか、大人からは理解しづらいこともある。

このような人間関係のありように縛られている彼らの価値観のなかでは、いつメンがおらず「ぼっち」になっているというのは、誰からも選ばれていない「もっとも残念なひと」になる。彼らはひとりでいること自体がつらいのではない。本当はひとりでいる方が気を遣わずにすむので楽だと感じている子は多い。それなのになぜ「ぼっち」をそれほどに気にするのだろう。

このところ「対人恐怖症」が減ってきたと言われている(河合 一九七六)。その一方で増えているのはひとりぼっちになる恐怖、つまり「ぼっち恐怖」とも呼びたくなるような症状である。「対人恐怖症」とは共同体のなかで一人だけ目立って浮き上がるのではないか、適切に振る舞えないのではないかということを恐れる症状だと考えられるが、「ぼっち恐怖」はいつメングループからはみ出て一人になる恐怖と言えるだろう。しかも、どんなに仲のよいひと(や、いつメン)がいたとしても、たまたま一人になることだってあるのだが、それも怖がるのである。

「友人と離れて移動しているときに、「あのひと、友だちがいない「ぼっち」なんだね」と言ってる声が聞こえた。あんな短時間、ひとりになっただけで、「友だちがいない子」と思われて「ぼっち」という烙印を押されるのかと恐怖を感じた」と言った子もいた。「ぼっち」は烙印なのである。

こういう感覚があるから「ひとりでいるところをひとに見られたくない」という訴えが多いのもわかる。そして、周囲から「残念で痛いひとだと、きっと思われているに違いない」と自分で感じるのも苦しいのである。思春期センサーで感知した空想の他者の視線はこうして自分自身に刺さってくる。

かつてならば対人恐怖症になっていたかもしれない思春期心性をもつひとが、今はぼっち恐怖に陥っているのではないだろうか。そのような傾向は大学生にもみられる。「ひとりでいるところを見られたくないから、ひとりでは授業に出ることができない」という大学生もけっこういる。いつメンがいない場所は、完全なアウェーになってしまうので、その場にいること自体が苦痛になるのだ(だからスマホとイアホンでの武装がどうしても必要になる)。

現在は、中学、高校では、学年の終わりにはクラス全員の名前と顔が一致しているのは当たり前という前提は完全に崩れている。「同じクラスのひとだけど、名前を知らない」「多分、同じクラスだと思うけど、はっきりしない」などという発言からも、同じクラスであれば人間関係が生じるとは言えなくなっているのがわかる(「同じクラスだけど、他人」というのが、もっともよく聞く言葉である)。

また小学生でも、三学期になっても同じクラスのひとの名前を覚えておらず「あのひと」という言い方を頻繁にするため、先生が「○○さんでしょ」と注意することもよくあるという。これは「クラスメイト」という、運命的に同じ教室で一年間一緒に過ごすことになったひとたちとの間にかつては存在していたはずの共同体の感覚が存在しないか、希薄になっているということだろう。

「ここ一週間、休んでるひと、誰だった?」と聞かれても、いつメン以外のひとが学校を休んでいたとしたら「え? 知らない。わからない。誰かいなかったけど、誰だっけ」というようなことが起こることもある。つまり、いつメンでなければ一週間休んでいても関心をもたれないことがあるのだということを彼らは日常の些細なやりとりから感じている。

彼らの人間関係の関心の範囲はとても狭くなってきているのだ。そしてその狭い範囲の人間関係への関心と気遣いがどこまでも濃くなる反面、いつメン外への関心はどんどん薄くなっているのである。

「はじめに」でも述べたが、クラスよりももっと小さい集団である班が同じだからとか、嗜好が似ているもの同士が一緒になるはずの部活が同じだからと言っても、人間関係が自然にできるわけではない。その集団のなかできちんと連絡が回ってくるためには、ちゃんとその所属する場所ごとにいつメンを確保しておくことが大事になっている。同じ部活の同じ学年に属していても、いつメンがいないと大事な連絡さえ回ってこなかったということも起こりうる。

公的なクラスＬＩＮＥとか部活ＬＩＮＥという連絡ツールがあったとしても、何かの変更があったときに連絡を請け負ったひとがうっかりして部活ＬＩＮＥではなくいつメンとのＬＩＮＥだけに変更を流してしまったために、いつメン以外には変更連絡が届かなかったなどというトラブルは本当によく耳にする。

昔からグループ化の問題というのは常に存在していたのだが、そのありようがとても極端になってきている。グループのなかでの関係性の維持が学校生活をふつうに送るための最重要課題になっているため、自分の居場所を失わないために、とにかくいつメン確保とその関係維持には気を遣うという構造になっているのである。なぜ、こんなことになっているのだろうか。

いつメン以外は異文化交流

学校現場では、アクティブ・ラーニング（主体的・対話的で深い学び）など、少人数での話し合いを中心にした自発的な学習が重視されるようになってきた（文部科学省 二〇一七）。ところが現場では、班での話し合いが成立しない場合があるということが問題になっている。同じ班になったのだから、そして学習のための枠組なのだから、という前提があっても、いつメン同士でなければ授業テーマに沿った話をすることもできない子が増えてきているのである。

中学でも高校でも、いつメンがひとりもいない班でのアクティブ・ラーニングの時間になると不調を訴えて避難する子が次々と保健室へ行くというような事態も起こっている。

子どもたちの人間関係の関心の範囲を学びの枠組の強制的な設定によって広げるという意図も、もしかしたらアクティブ・ラーニングという学び方にはあるのかもしれない。しかし実際のところ、それがうまく機能していかないという嘆きを耳にすることが多い。

たとえば授業で、普段あまり話さないクラスのひと四人に英語でインタビューをしてみようと指示した瞬間、すぐに「いつメン集合！」とリーダー格の子が声をかけ、パッと集まって勝手に盛り上がる生徒たちもいる。「いつメン以外と話してみよう」と注意しても、ちらっと教員のほうを見て、無視していつメンとしか話さないというようなことも起こってくる。このようにいつメン以外とは教員の注意があっても話をしようとしない場合もあるのだ。

いつメン以外との会話は、慣れない言語で異文化交流をするくらいのハードルを感じている子たちがいるのだ。そんな感覚があると、いつメンとの関係性を維持することが学校生活での自分の居場所を失わないための最重要事になってくる。いつメンがいない場所は完全なアウェーになってしまう危険性が高いので、とにかくいつメンとの関係が命綱になってくるのである。

友だちのようで友だちじゃない

こういう事情が裏側にあると、いつメン同士で優しい言葉をかけあっていても、それは友情からではなくて、いつメンの関係を維持するためだけにしているんだという、何とも言えない空しさを慢性的に感じている子もいる。

つまり、いつメンというのはご近所づきあいなのだ。ご近所トラブルがあると毎日が過ごしにくいので、とにかくトラブルは避けたいのである。これが個人の努力で自前の共同体を作り、それを維持するということなのだろう。それが「友だち」という、思春期にとってもっとも重要な関係性と混ざり合ってしまうため、些細な出来事で傷ついたり混乱したりしている部分があるように思う。

ある中学生の男子は、自分の発言でその場がシラケた直後に、「ドンマイ」とか「全然OKだよ！」と言って、いつメンたちがばっとフォローを入れてくれたとき、自分のしたことはそれくらい周りのひとたちに気を遣わせることだったんだとしんどくなった、と話していた。フォローしてくれてありがたいと思う前に、関係性を維持するための労力を相手に遣わせてしまったという後ろめたさをまず感じるのだ。そしてそれは自分との関係が悪くなるとクラスでの居心地が悪くなるから親切にしてくれているのであって、自分のことを思ってしてくれるのとは本当は違う、と瞬時に思うのである。そのベースには、自分もいつメンに対してそのように感じているという自己不信と慢性的な疲労感がある。

そのためトラブルがあったとしても、そこを越えてまた仲よくなるというようなシンプルな関係を信じることは難しくなる。ほんの些細な表面的なトラブルであっても、表面が荒れたことは彼らには本質的な破綻としてとらえられてしまうことがある。そのため、トラブルを自分が起こしても、また自分にとって嫌なことがあったとしても「なかったこと」「感じなかったこと」にしてスルーするしかない場合がある。そうしなければ、いつメン関係自体をリセットしてしまうような危機につながる可能性もあるのだ。実際、何かのミスを「なかったこと」にしてもらえなかったひとは、いつメンから排除されてしまうことがある。それは実に残酷なものだ。

このような背景があるから、大人からみるとても仲のよい友だち同士のように見えるのに「友だちというわけではない」「親友がいない」「いつメンのケアがしんどい」と嘆く子が多いのだ。彼らにとっていつメンという自前の共同体から弾き出されるのは、もう教室にいられないということとイコールなのだ。だから不登校の裏にいつメン内でのトラブルがあることはけっこう多い。

学校でのインフラとしてのいつメン

先ほどの例でも触れたが、中学生の男子のグループのなかでも、女子の専売特許だったような人間関係の問題が頻出してきている。いつメンとの表面的な関係性の維持に必死になって疲れ果てて、他者不信と自己不信の泥沼に落ち込んで不適応を起こしてしまう思春期の男子と出会うことも増えてきた。こういう見えない状況が子どもたちの人間関係の裏では進んできているように思う。

彼らと話していると、いつメンというのは、電気や水道といったインフラのようなものではないかと感じることがある。つまり生活の基盤を支えているものなのだ。以前はクラスや班が一緒だからという「場」を共有しているから、それは意識などしなくても存在しているものだったように思う。ところが今は「場」ではなく、いつメンという意識的な努力によって構築している「人間関係」によって作り出す比重が大きくなっている。そこに波風が立つと生活が立ちゆかなくなるので、とにかくトラブルは避けたいのだ。だからそのインフラを守るためにはそこで起こるトラブルの気配には敏感にならざるを得ないのである。そしてインフラは、常に安定していることが求められる。それが今の子どもたちの「キャラ」作りの裏側にあるようだ。

好きなことを言い合っているように見えながら、実は「ツッコミキャラ」と「いじられるけど何でも言うキャラ」という関係を保っていたほうがいつメン関係の維持のためにはいいので、そのフォーマットに則っていただけという場合もある。「キャラ」という単純化されたありようで人間関係を成立させたほうが、波風が立ちにくい。つまり、予定調和を壊さないことが、人間関係によるインフラを守ることになるのだ。そのためには単純化した「キャラ」を演じることのほうがずっと安全だと思っている子もいるのである。このあたりは、社会学の立場から現代青少年の問題を分析している土井(二〇〇九)の指摘にも詳しい。

クラスの自己紹介ゲームで、「変顔を見せて！」というカードを引き当てた子が、「私、クールキャラなのでできません」と断ることもあった。もし自分がいつメンの前でキャラと違うことをして予定調和を壊すという失態を犯したとしたら、それはインフラの崩壊につながり、一挙に教室がアウェーになってしまう。そういう背景があるから、こんなどうでもいいことさえ、キャラと違ったらできないのである。

もちろん、同じ学校であっても、学年やクラスが異なると、この状況はいろいろに違ってくる。どんな子とも好意的な交流をもつことができ、クラス全体のことを考える力もあり、なおかつ、周囲に一目置かれるような影響力をもつ子が二人くらい同じクラスにいると、クラス全体の「場」が整うことがある。そうするとその「場」の力に守られて、班が一緒になったひとたちとは、それが誰であってもちゃんと協力しあえるし、いつメンはただの仲のよいひと同士のグループの意味しかもたなくなることもある。こういう幸福なパターンも間違いなく存在するのだが、臨床場面では、どうしても悲しく苦しい状況について聴くことばかりが多くなる。

クラス対抗の合唱コンクールや体育祭などを通じて、クラスという枠組を強く意識できるチャンスも確かにある。イベントという非日常のなかだと、普段の人間関係がシャッフルされる可能性もある。ところが、いつメンという小さなコロニーに強く拘る子がクラスの大半を占めている状態だと、どんなに担任がクラス全体でのまとまりに向けて努力をしても、バラバラなままでどうにもしらけたものになってしまうこともあるのだ。

またそのイベントのときだけはクラス全体で瞬間的には盛り上がることができても、まるで打ち上げ花火のようにそのときだけで散ってしまい、新たにできた関係は継続しにくいという印象がある。

さまざまな場所で起こっている二極化

これまで述べてきたように「場」による人間関係の強制力が緩くなった分、逆に彼らは自分たちで人間関係の枠組である自前の共同体というインフラを作らなくてはならなくなった。そしてそれは明文化されないだけに察する力をかなり要する枠組であって、彼らを内側からきつく規制している。もともと察することが求められる日本文化なのに、それがかなり過剰になっている部分がある。思春期センサーが敏感でさまざまなものを感知する子にとっては、実に苦しい状況である。

その一方で、察することが苦手な子が、空気が読めないなどと言われて孤立したり、何か発達に問題があるのではないかと過剰に問題視されたりすることも増えてきているように思う。

　これも「はじめに」で触れたが、以前は人間関係の枠組の強制力が苦痛でたまらず不適応を起こした子が臨床の対象になることが多かった。休憩時間も教室から用事がない限りは出てはいけないとか、班のひとたちと一緒に給食は食べるとか、他の教室には勝手に入ってはいけないなど、同じクラスになったひとたちと可能な限り一緒にいるようにあらゆる規則で縛られている学校も多かった。しかし今はそのような学校は本当に少なくなってきた。以前はこのような人間関係の枠組が強制力をもつなかだと、苦しくてたまらない子が出てくる一方で、特に誰かと親しくならなくても、その「場」に居るだけで、クラスの一員として自然に認められることができていた子たちもけっこういたように思う。ところが今は、特別な支援という形で敢えて関わりを濃くする意識的な努力をしない限り、コミュニケーションが苦手な子を集団になじませていく「場」が作りにくくなっている。

　またその一方で、特に小学校で、衝動的で暴力的な子の問題も増えている。外的な人間関係の規制がゆるくなると、対人的な振る舞いに規制をかけるのは「場」の力ではなく、個々の家庭の問題や、その子自身の資質に頼る部分が大きくなる。そうすると、そういう表現が極端になる部分もあるのではないだろうか。「ナマ」の感情や衝動を学校で出しても平気な子も増加してきている。このように、学校現場では過剰な対人関係への配慮で疲れ果てる子と、コントロールを失って暴走している子の二極化が進んでいるように思う。

旅の恥はかき捨て

もう一つ、二極化が進んでいる部分がある。いつメンなのか否かで、態度が極端に違うひとたちがいるのだ。そのひとたちはいつメンに対しては過剰な配慮をするのだが、いつメン以外にはひどいことを言っても何も気にしない。その両極の態度からは、非常に繊細な配慮をしているのに常に葛藤と罪悪感を抱えている神経症的な面と、冷酷で傍若無人に振る舞っても一切の葛藤も罪悪感もない面とのあまりの落差に驚愕する。

このような状況に直面すると、そういえば日本には「旅の恥はかき捨て」ということわざがあったな、と思い浮かぶ。いつメンとそれ以外のひとに対しての落差が激しい子の様子からは、いつメン以外は旅先の知らないひとたちと同じだという感覚になっているのではないか。「同じクラスだけれど他人」という言葉がそれを象徴している。

当然のことながら、旅先でも普段と変わらずきちんとしているひともいる。そういうひとのほうが割合としては圧倒的に多いだろう。ところが普段の共同体での圧を吹き飛ばすかのように、旅先では恥ずべき一面を見せてしまうひともいる。いつメンとそれ以外のひとに極端に違う態度をとっているひとは、何も最近になってから急に湧いて出てきたわけでなく、「共同体」の範囲が極端に狭くなったから同じクラスでもそこが旅先になってしまっているだけなのかもしれないと考えると、何となく納得できるような気がする。

では、次の章からは、より具体的な事例をもとに現代の思春期について考えていこう。

2章　学校でのいつメンとネットでの親友

中学生男子の事例から

思春期の男子は、「連れ」とか「つるんでいるヤツ」という言い方はするものの、一般的には女子のように排他的なグループ化のようなこととはあまり関係のないところで生きていたように思う。もちろん、今でもそのような男子たちも大勢いるが、先にも述べたように中学生の男子のグループのなかでも今までだったら女子特有であったような人間関係の問題が出てきている部分がある。

では事例を提示しながら、「いつメン」の問題について考えていこう。

中学二年のAくんは、休憩時間に保健室にくることが増えてきていた。そのまま授業に出ずに早退することもあるし、体調不良を訴えての遅刻や欠席もあるということだった。また特定の教員に対して、睨んだり無視したり言うことに従わなかったりするなど、不可解な行動もあるらしい。その教員にそのような反抗的な態度をとる理由もわからないし、何か困ったことがあるのではないかということを気にかけた担任に勧められての来談だった。

ちなみに、この学校ではいつメンのなかでの自分の居場所についてかなりエネルギーを使っている子が多いようで、そのようなことが背景にある相談が多かった。

Aくんの隣の席は、いつもAくんとペアになっているZくんの席であるという情報を得ていた。Zくんはスポーツが得意な明るい子で、クラスでも影響力があるということだった。そしてZくんとAくんは常に学校では一緒にいる、いつメンであるようだった。

来談してきたAくんに「ここ(相談室)を勧められてどう思った？」「何か困ってることってある？」と聞いても、「ああ…いや、別に、何もないです。ときどき腹が痛くなって…」と困ったような笑顔で繰り返すばかりで、なかなか具体的な話にはならない。なので、こちらから「部活は何してるの？」「好きなアニメとかある？」「どんな動画を見てるの？」といった話題でまず関係を深めていくことを目指した。そして関係が少しはできたと判断したころから(数カ月を要した)、「今の班のメンバーには同じ部活の人がいるの？」「休憩時間はどこにいることが多いの？」と学級での様子を具体的に訊ねていった。

いつメンとの関係性

そのうちに「ちょっと隣のやつがケシ(ゴム)とかシャーペンとか勝手に取るけど、そいつに逆らったら「何、空気読めねえこと言ってんだよ」って言われる」とつぶやくように言い出した。勝手に文房具を使われるのをそのまま認めるというのが、「空気を読んでいる」行動だとそのひとからは思われているので、「嫌な顔とかしたら、クラスのなかでの居心地が悪くなるから、それは我慢しなきゃいけないんだ」と言うのである。

だから、隣のひと(これがZくん)の言動に対して「えっ？」と思ったような顔を見せたりしたらまずいというふうにAくんは思っているようで、何を言われたとしても、まったく気にしていないというナチュラルな振る舞いをしなくてはならないと考えている。「嫌なところがあるやつだけれども、関係が悪くなると教室へ入れないから、自分の思ってることなんか絶対に言えない」と言う。

Zくんは明るいし面白いので、彼と同じいつメングループに入っていると、クラスのなかで相当いい感じのポジションにいることができる。しかも、いつメンは二人か三人のペアの集合体なので、Zくんとのペアが成り立たないと、いつメンのなかでもアウェーな感じになるらしい。そのためその関係を維持するためには無理をしてでもテンションを上げる必要があるので、「疲れたような顔を見せると、「おめぇノリが悪いな」と嫌な顔をされる」「だからしんどいときには、「ちょっと腹が痛い」と言って保健室に行っている」「テンションを上げるのが無理なときは、もう朝から休むしかない」と暗くつぶやいた。

また「先生たちの注意の仕方で、後で死ぬような思いをすることがある」と顔をしかめた。それは消しゴムを勝手にぱっとZくんにとられ、自分が大事に使わないようにとっていた消しゴムの角をゴシゴシと削られたときに、自分が「ええっ？」という顔をしたのを、ティーチングアシスタントでたまたま側にいたある教員が見ていて、Zくんに対して「おいおい、人のものを勝手にとってそんなことするな！」「こいつが嫌な顔をしているのがわからんのか！」と注意されたときのことだという。

そんな注意をされた後の休憩時間に、「ホントは嫌だったんか？」「オレのこと迷惑だと思ってたんか？」と何度も何度もZくんが言ってきて、「全然、そんなことない。あの先生の勘違いだよ。ひどいよねー！」とフォローにものすごくエネルギーを使ったというのである。「Zくんも、僕と仲がいいことを確認したくて、あんなことをしているのもわかる。でも、ほんとは嫌なんだけど、嫌だと簡単に言えるわけがない」と、Aくんはうつむいた。

自分の表情の変化などを根拠に指導をされると、思春期センサーを張りめぐらして細心の注意を払って関係を維持しているのに、そこに亀裂が入ることになって追い込まれるだけなのだ。そして、そのようなことをした教員に対して、恨みがましい気持ちも出てくるし、その教員に敵対している態度をZくんにわかるように示すことで、逆に自分はZくんのことを受け入れているのだという意志表示にしているということのようだった。なるほど。特定の教員に対しての無視や反抗の裏側にはこういう事情があったのか。

「だとしたら、どんなふうな注意の仕方だったらいいの？」と訊ねたところ、「全体に向けて、人のものを借りるときには、ちゃんと貸してと言いましょうとかだとまだいい」「でも、そう言われても、イヤだとは言いにくいけど…」ということだった。

箱庭の表現から読み取れるもの

このような話が面接内でできるようになってしばらくしたころ、Aくんは箱庭に興味をもった。そうして作られたのが〈箱庭1〉である。

箱庭というのは、砂箱のなかにいろいろなフィギュアを入れて表現をするものである。特に子どもや思春期のひとたちは、複雑な感情や感覚を言語で話すことが難しい場合がある。そういうときには言葉に頼るよりも、箱庭のような手段を使って象徴的な表現をすることが重要になってくる。Aくん

箱庭1(再現)

は、何だか面白そうということで、軽い気持ちで箱庭を選んでくれたのだが、この何となくの手っ取り早さも、箱庭のよいところだと思う。

彼は、「白…白い色のもの」と言いつつ、まず右上のマリア像や十字架を置いた。そして司祭の人形を手に取り、髪の毛が黒いのを嫌がって「黒いのが出るのはちょっと…」と言いながら逆さまにして頭から砂のなかに差し込み、白い部分しか表に出ないようにした。そして、真ん中には「ここは灰色にしよう」と言って灰色のものを集めて、くじら、墓、戦車を、そして左上には赤いものを選び、怪獣と橋をまとめて置いた。右下には緑色くくりで、シートと木とカエルを、そして左下には、金色や茶色のものを集めたのだが、結果的にそれはピラミッドや大仏、五重塔、そして十字架など宗教的シンボルだらけになった。

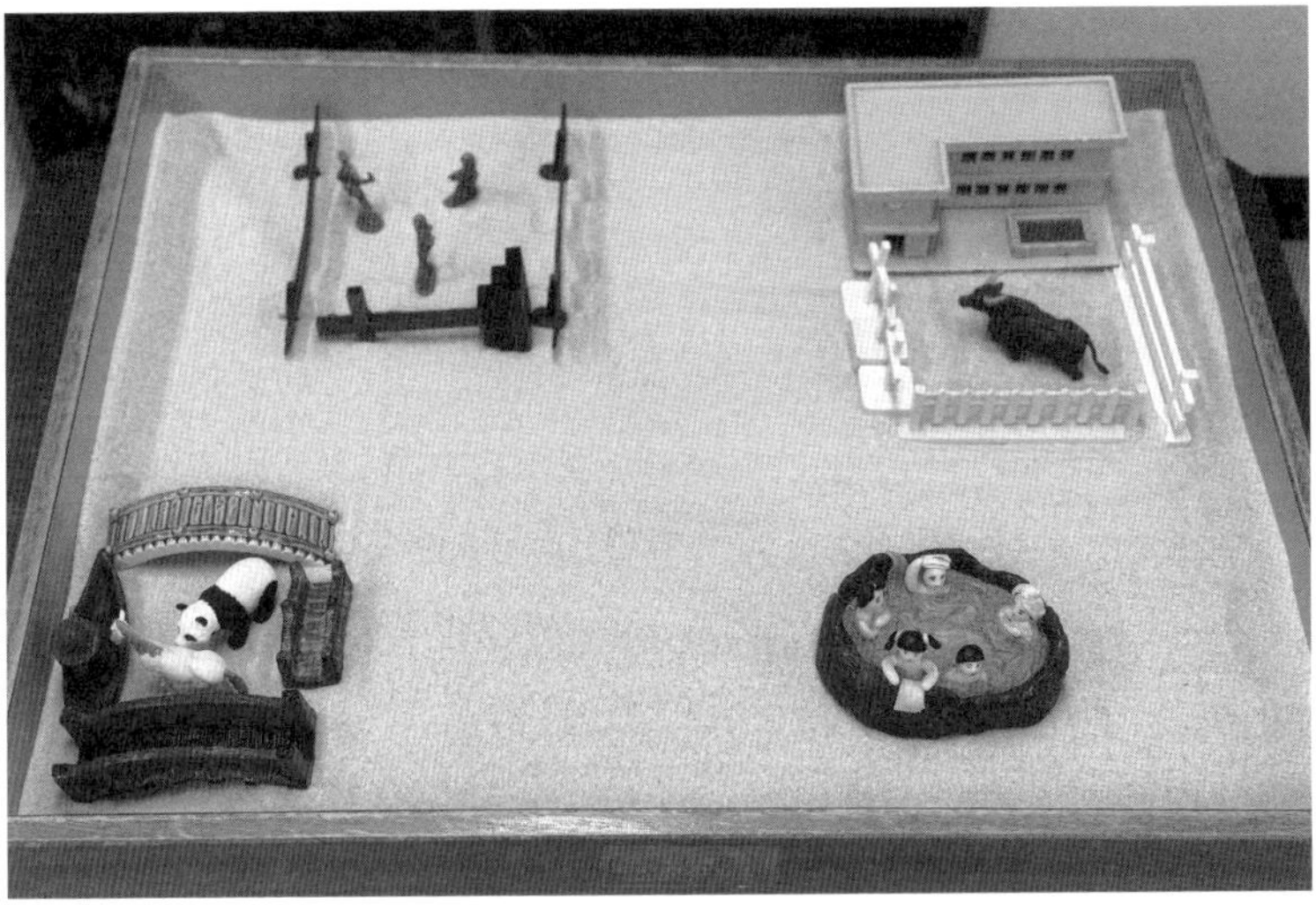

箱庭2(再現)

　宗教的シンボルがこれだけまとめて置かれていても、まったく聖なる場所というイメージが伝わってこないなあ、と思った。宗教的なものがその象徴的な意味をもたず、ごちゃっとまとめられていること、そして「色分け」がメインになっていて、そこにあるアイテム自体にはほとんど意味はもたされていないという印象を強く受けた。彼も「なんとなく、こんな感じかな……。面白かった」という感想を言っただけで、連想などは何も語らなかった。

　それからしばらく面接の回数を重ねた後で、彼は二度目の箱庭に取り組んだ(〈箱庭2〉)。

　色分けはされていないものの、前回と同じように、それぞれのエリアが独立している箱庭だった。右上の牛がいるところでは、白い十字架が柵代わりに使われていたし、左上の兵士がいるエリア(拡大写真)は、「あ…茶色の柵が足りないなあ…。あ、これ使おう!」と前回、左下の宗教的シンボルグループに置かれていた大きい十字架が横倒しにされて柵として使用された。そして左下は、橋と舟で、パンダと馬を囲っていた。十字架も宗教的な意味はまったくなく、橋も、どこかとどこかをつなぐものとしての役割はしておらず、柵にするための「素材」としてそれが使われていた。

宗教的な超越のシンボルが超越の記号にもなり得ていない箱庭であり、しかも、その超越的なものをあえて否定して、こんなふうに素材として使っているというのでもない。そこに意味を込めることなく、色分けとか分別といったようなことだけを示そうとしているのかなという印象があった。それ以上の意味をイメージや象徴性としては読み込むことを否定しているのかな、と思われるような箱庭であった。これ以降、Aくんは箱庭をしばらくの間、

作成しようとしなかった。

この二つの箱庭を「構造」という視点から見ると、Aくんのクラスの人間関係のありようが想像できた。教室という枠組のなかに一緒に入れられているというのは同じでも、色分けをされているように、それぞれ似たような色だからということだけでコロニーをつくり、そのコロニー間には何のつながりもないと読み取れるようにも思えた。〈箱庭2〉も色分けではないものの、コロニーに分けられているのは同じである。ただ〈箱庭1〉よりも、枠で囲われたなかに人間関係を伺わせるもの（左上の戦士や、温泉に入っているひとたち）が置かれたところが違うようだな、と思いながら見ていた。

ネットのなかの親友と彼女

その後の面接でいろいろと好きなものについて聞いていたとき、ネットについての話題が出てきた。そのときAくんは「ネットのなかに親友と彼女がいます」とはっきりと口にした。そしてネットのなかに親友がいるから、教室のいつメンとはそんなに距離を詰めることはせずに、事を荒立てたくないと言う。そのネット内の親友とはリアル(現実)では会ったことはないらしい。しかし「同じネットゲームのなかで一緒にチームを組んでやっているひとなんだけれど、そのひとの作戦の立て方とか、そういうのがものすごくいいし、チャットをしたりとかするんだけど、笑いのツボも一緒だし、(ゲーム内での)旅のなかで困ったことがあって相談したりとかすると、的確なことを返してくれて、自分もそのひとの悩みには答えたりとかするから、親友です」と嬉しそうだった。

ちなみにAくんがここで言っている悩みというのは、そのネットゲームのなかでのアイテムが取れないというような悩みから、学校に行くのがキツイということまで、ディスコード(チャットのツール)で伝えることがあるということだった。そしてそんなふうに話せるひとがネットのなかにいるから、別に教室のなかで、無理をして親友などをつくりたいとも思わないとのことだった。

「でも教室に入るためには、いつメンは絶対に必要だし、いなくなったら居場所がなくなる。高校には行きたいから、教室のなかにいるためには、Zくんの言うことを聞いておくしかない」「クラスで一緒にいるいつメンは、Zくんもだけれど仕方なく一緒にいる人たちも多い」とAくんは少し暗い顔をした。

このAくんのように、ネットのなかに親友や彼女がいるという子はけっこういる。ネットとリアルの人間関係の境界が薄いか、まったく境界がない子がデジタルネイティブの年代では増えてきている。それでバランスがとれているのならば特に問題にすることではないのだが、一緒に居る時間が長いリアルの人間関係に積極的にコミットしないために現実生活での居心地が悪くなっていく子も多い。

Ａくんのように、学校のリアルでの関係が自分にとってのメインではなくて、ネットのなかの関係に比べて優先順位としては下の関係であるという価値観が何となく相手に伝わってしまうこともある。そうすると周囲の子たちの思春期センサーに、「自分は実は雑に扱われている」というざらりとした感覚とともにひっかかってしまうのだ。Ｚくんがａくんのシャーペンや消しゴムを日常的に雑に扱ったりしたのには、そういうセンサーが働いていたのかもなどというのは、深読みのしすぎだろうか。

自分でもちゃんと現実(リアル)を大切にしていないという漠然とした罪悪感があるので、一生懸命そつのないように過ごしているのだけれど、どうしても何か食い違ってきてうまくいかなくなる子たちもいる。このＡくんもそのような部分があったように思う。

ネットのことを面接場面で語る意味

ネットとリアルの境界がなく、ネットのほうに人間関係の比重が大きくなっている子になんとか現実感をもたせようとしてリアルの学校場面での話に焦点化して話を聞いていっても、学校生活にコミットしていくようなリアリティが生まれるわけではない。逆にネットの人間関係のことを面接場面で語るよう促すほうが、実際の学校現場の関係にリアリティが出てくるように思う。つまりネットの話題を、リアルな人間として目の前に存在しているひとが必死で聴くことに意味があるのではないかという実感がある。

　このようなことをしっかり話してもらうためには、こちらがある程度、ネットのなかのあらゆる出来事に関心をもって聞くことも必要になってくる。そうしないと、なかなかネットの具体的な話は続かない。ネットのことを目の前に存在している他者に話す体験など思春期の彼らにはほとんどないので、どう話していいのかわからないことが多いのである。そのため、こちら側の少し前のめりの共感の後押しがないと、とても話が続かない。

　Aくんは「ネットの彼女がネカマでもかまわない」と言う。ネカマというのは、男性がネット上で女性のフリをしているというインターネットスラングである。恋愛対象である「彼女」だと言いながら、それがネカマでもかまわないというのはどういうことなのかと思ったら、「もしその人がネカマで、男だったら、親友になればいい」「可愛いキャラ(アバター)を使っていると、本当に可愛い人なんだろうと思う。そのキャラで会話をしているから、もうその人自身がそうなんだとしか思えない」と言うのである。

　その彼女がネカマでもかまわないという理由を突っ込んで聞いていくと、「自分も武器とか情報をゲットしたいときに、女の子の可愛いキャラでゲームのなかに入ることがある。女の子キャラだといろんな人が話しかけてくるので効率がいいから自分も女の子のキャラを使ってるし、相手がそうしてる可能性もある。だから、まあそれはどっちでもいい」とのことであった。ネットとリアルの境界だけでなく、男女の境界もどちらでもよく、心地よくコミュニケーションさえ取れれば、あらゆる境界はどうでもよくなることもあるのだなと思った。

異界イメージとネット

ここで少し、超越的な異界イメージとネットについて考えてみよう。

思春期は、この世の「生」とは何なのかという問いにぶつかる時期でもある。具体的な問いとしてこのテーマが意識にあがっていない子でも、このテーマが水面下で動いていることもある。このような自分のこの世の「生」とは何なのかという問いに向かいあうということは、日常的な理《ことわり》とはまったく異なった超越的な世界が、自分の「生」や日常的な生活とどう関係しているのかを模索していくプロセスとも関係してくる。

人間の力では遠く及ばない何か超越的な力を仮定しながら(「運命」であるとか、「宿命」のようなものを仮定することもある)、自分の日常生活との関係をとらえていくしかないのである。つまり、自分の生きている世界を、日常的なレベルを超えてどうイメージし、そのなかに自分をどう位置づけていくのか、そしてそこで新たな座標を獲得した後で、それをまた日常とどう結びつけていくのかという「超越」を含んだ問いにぶつかるのが、思春期のテーマのひとつなのではないかと考えている。

ファンタジーなどの「異界もの」の主人公は、超越的な世界からもたらされた説得力のある存在理由をもっている。この世の因果を超えたところにその存在理由があるのである。超越的な世界との接点に自分自身の存在理由があるという設定が、思春期センサーを刺激し、思春期の迷宮での模索プロセスとシンクロするとき、そのような設定の物語に深くコミットすることになるのではないかと思う。

本来、超越的な世界というのは、イメージを通じてつながるものである。ところが、イメージの力を必要としなくても、ネットという異次元では日常とは違うものが手軽に手に入ってしまう。たとえば日常では決して見ることもない宇宙を高速で飛び回るようなめくるめく映像も、あり得ないほど残酷な映像も自分の部屋で見ることが可能である。劇場というフィクションを見せる場所であるということを明確にしている場所にわざわざ行って見るというのではなく、自分の部屋という日常そのものの場所で、フィクションの世界が地続きになっている状況があるのだ。

また、Aくんが夢中になっていたゲームもそうだが、ネットゲームには神話的な世界観をベースに置いているものが多い。ネットでは、自分のなかから生み出されたイメージを使わなくても、いくらでもそこに別の世界が開けていて、出来合いの神話的なイメージが手軽に手に入ってしまうとも言えるのである。こういうものは超越とは言えないが、現実とは違った世界という意味で、思春期心性の強い人たちの心を強く惹きつける。

小学生の頃からネットという広大な情報の海に入ってしまっている子は多い。手軽に手に入る超越的なイメージと日常的に接点をもっていると、本当に自分を変える力をもつイメージに対しての感受性がすり減っていく部分もあるのではないかと心配になることもある(この問題は八章、九章でもふれる)。

思春期センサーと箱庭

Aくんとはずっとネットのなかの話題をしていたのだが、久しぶりに箱庭に向かった。これが最後の箱庭になった(〈箱庭3〉)。

箱庭3(再現)

彼が作り始めたときから、これまでの箱庭とはまったく違うなという印象があった。まず、砂に触れて大きく二つに分け、細い道をつけていった。彼が砂に触れたのは初めてだった。箱庭を通じて、非言語的な表現にぐっと入り込んでいくような感覚が伝わってきた。

そして「できた!」と笑顔で箱庭を作り終えた彼は「こっち(右上)の森のなかに聖なるものがあって、動物やらいろんなものが、そこを目指しているんだ」と語った。作った箱庭について物語を語ったのも初めてだった。Aくんにとってすごく大事な、聖なるもの(超越的なもの)を目指すというイメージが彼のなかから出てきたのを感じ、感動しながらこの箱庭を眺めていた。森のなかを目指す動物たちの前から二番目には、最初の箱庭では逆さまに埋められていた司祭が、今度は正位置でひとりの人間として置かれている。最初の箱庭では、「白」を表す素材としてしか使われていなかったアイテムが、血の通ったものになって動き始めているのを感じた。

この右上の聖なる場所（拡大写真）は、中心に何かがあるわけではない。水晶の玉のようなアイテムも棚にはあるので、それを使うこともできるのだが、そういう「いかにも」といった聖なるもののアイテムを彼は置かなかった。「ここは山だから、もうちょっと木を植えてもよかったんだけれど、これくらいで」と言っていた。「ここに何か大事なものがあるの？」と聴いたところ、「うん。何かあるんだけど、大事なものはないっていうか、見えないんだけど、ここら辺にある感じ」とAくんは言っていた。このような、目には見えない超越的なイメージが彼の内面に生じてきたのだと感じた。

最初の〈箱庭1〉は、自分のなかからの湧き起こるイメージで置いたというよりは、「えーっと、白、白、白」とか、「赤、こっちに置こう」とか、「何か茶色ってこんな感じだよね」とか、色分けをしようとしていて、イメージの広がりを拒むような印象がある箱庭だった。二度目の〈箱庭2〉も何らかの象徴性を読み込むことが困難なもののように感じられていた。このような表現をしていたAくんが、〈箱庭3〉を作成するようになったということ自体に、非常に驚いた。

面接場面で、箱庭という日常ではあまり目にすることのない表現手段に気づいたとき(ずっと見えていたはずなのに、そのときまでまったく関心をもっていなかった)、彼のなかの思春期センサーが何かを感知したのかもしれない。それで彼が取り組んでみた最初のふたつの箱庭は、私自身のセンサーではここに記した以上にイメージを広げて感じることが難しいものだった。ただ、そのふたつの箱庭を作る作業のなかで、彼の思春期センサーは、もっと別の何かを感知したのではないだろうか。

そして彼が重視しているネットのなかでの人間関係について面接場面で詳しく話したことなどもあって、彼の心の深い部分で動いていたイメージが、箱庭表現として見える形で出てきたと考えることもできるだろう。

彼の思春期センサーが、人間関係のあれこれだけを感知している地点から、自分が変わっていくために必要な「何か」を感知することができたとき、自分のこれからを深く支えていくような表現が可能になってきたのかもしれない。意識的に頭で考えた表現ではなく、本人のなかから生まれてくるこのような表現に触れたときには、こちらの思春期センサーも反応して、得も言われぬ感動に胸が震える。

担任からは、席替えがあったこともあり、Zくんとは離れた席になったと聞いた。相変わらずZくんとはいつメンのようだったが、「今まで一緒にいなかった子とも、最近、楽しげに話していますよ」ということだった。Aくんによると、その子とはゲーム内での絡みがあるということだった。

Aくんは遅刻と早退と欠席はなくなったものの、保健室にはまだときどきは行くようだった。でも学校というリアルな場で、いつメン以外の子ともナチュラルな関係ができたというだけでも、大きな変化だと感じた。

彼が学期の変わり目に「もういいや。ここへ来なくても大丈夫」と言って、「久しぶりに作る」と卒業制作のようにして作ったのが、〈箱庭3〉だったのである。

現代の思春期とネット

このAくんの面接プロセスのなかで何が起こっていたのか、なぜ、ネットのなかの話を聴き続けることがなにがしかの変化を彼に及ぼすことにつながったと思われるのかということについて、もう少し踏み込んで考えたい。

先にも述べたが、このAくんのように、ネットとリアルな現実との間に境界を感じていないクライエントは多い。

ところで日本では、異類であるカッパや馬や鶴などと、ごく自然に交わる昔話がある。そして異類と深く関わる当事者自身は、そのことに違和感はないが、共同体からはその結びつきは決して歓迎されていない。それと同じで、一生会うことがなくてもネットでの恋人のことしか考えられない(それがアニメなど二次元のキャラでも)というような言葉を臨床場面で聴くたびに、これが現代の異類婚なのかもしれないという思いがよぎる。

しかし、アニメキャラでは無理だが、ネットで知り合ったひとと実際に会って交際するというのはどうなのだろうか。実際そういうひとも多いし、そこから結婚に至るケースもよく耳にする。しかしネットゲームなどで知り合ったひとと現実的に恋人関係になることを目的にするのを「直結」と言って、それはまるで「出会い系」と一緒だと否定的に見る向きもある。つまり、ネットの世界の恋愛(「ネット異類婚」としておく)に意味を感じているひとは、リアルの充実のために、ネットでの出会いを利用するという発想がない。ネットで築いた関係をリアルに「直結」させようとする動きは、さまざまな問題がそこで生じることがあるにしても、リアル重視のふつうのあり方なのである。「ネット異類婚」は、完全なプライベートの趣味のサークルに恋人がいるようなものだから、何も職場や学校で別の恋人を求める必要はないといった、場所の違い程度の感覚で行われていて、リアル重視の視点で見ていると、非常に戸惑うことがある。

臨床場面では、このような感覚をもっている思春期の子や若者が実際にいるのだということを意識したうえで、リアルな人間として会い続けていき、ネットの話題などを具体的に語ってもらうことが、ネットの世界と現実のリアルな世界の境界が見えてくることにつながると考えている。

Aくんとの面接でも、彼のネットのなかでの人間関係について興味をもって詳しく聴いたり、彼が紹介するネットのなかでの流行り物についても関心をもってアクセスし、その感想を次の面接で話したりしていた。このように、リアルな場面で会う他者にネットの話をしてそこで共感を得るということが、ネットとリアルの境界を意識したうえで、そのふたつをゆるやかにつなぐきっかけになったのかもしれない。

ネットとリアルの境界があいまいなままで三〇代や四〇代に至っているクライエントの様子からは、徐々に自分が生きているというリアリティを感じることができなくなって、年数が経つにつれ、抑うつ的になっていくこともあるような印象がある。思春期の一時期、超越的な世界と日常が混じり合うような期間を過ごすのと同じように、その時期に限定してネットとリアルの境界が曖昧になるのはある程度、仕方がないと思う。しかしそれが慢性化すると、かなり深刻な状況になる危険性があるのではないだろうか。

ひきこもり研究で知られる精神科医、斎藤環(一九九八)は、バーチャル空間にリアリティを見出しうるとすれば、そこに何らかの方法で他者性が供給され続けているからであり、「現実」空間をリアルなものと理解することができるのは、私たちが仮想空間の経験を多数もっているからであると考えている。斎藤の同書によると、リアリティというのは、「現実」と「仮想」のフレームが切り替わる瞬間に宿る感覚のことであるため、仮想空間に逃げ込むことができないひきこもり青年たちは「現実」を「現実」として感じることができない状況にあるという。つまり、現実にも仮想にも、リアリティを見出し得ない苦痛こそが、彼らの「問題」なのだということである。

ネットとリアルの境界が曖昧な状態が慢性化してしまうと深刻な状況になるのではないかと懸念しているのは、この斎藤(同書)の指摘と重なる。「ネット(仮想)」と「リアル(現実)」のフレームが慢性的に切り替わらなくなって地続きになってしまうと、リアリティをどこにも感じられなくなり、離人感ベースの不安、焦燥感が強まってしまうように思う。

実際、ネットのなかだけにしか居場所がないというひとの話を聴いていると、「リアルが大変だったときには、ネットが救いだったけれど、ネットがすべてになると、もう逃げ場がない」という苦しみが待っているのがわかる。そして周囲からは、ネットに逃げているとか、楽なことしかしようとしないという否定的な見方をされることばかりで、ネットしか居場所がないのがつらいと言おうものなら、ならリアルで動けばよいと叱咤される堂々巡りに、砂を噛むような想いが待っているのを感じる。リアルあってのネットという当たり前のことが、とてつもなく難しいことになっていくのである。

ネットでの人間関係がすべてになると、リアルでの人間関係で苦労するのと同じことがそこでは起こるのだ。もちろん、リセットして別人としてやり直すことがネットではいくらでも可能ではあるが、いろいろ話を聴いていると、広いようで案外、ネット内での交流の場は狭く、他の名前で出ていても何となく分かってしまうこともあるらしい。

「リアルが充実している」という意味での「リア充」という言葉も、ネットとの対比を示しているからこそ生まれたものだろう。どうせ自分は「リア充」じゃないからとか、あのひとたちは「リア充」だというような文脈でよく使われる。そういう言葉を使う彼らは、本当のところはリアル重視であるのだが、今まで述べてきたようなさまざまな学校現場の人間関係の事情などから、リアル(現実)に疲れてしまうことが多いのではないだろうか。そのため、ネットに救いを求めている部分もあるのだと思う。

ネットの話題などを面接場面で具体的に語ることというのは、ネットの世界と、現実のリアルの世界の境界をはっきりさせることになる。先ほど、斎藤(同書)の言説から「フレームの切り替わり」について触れたが、リアルとネットの境界のフレームが、カチッと切り替わる感じが面接場面に来ると起こるようになってきているように思う。

つまり、面接場面でネットの話を語ると、現実のリアリティの感覚が、ちょっと自分のなかで立ち上がってきて、それが最初は「ネットの話をリアルで話すと変な感じがする」という違和感として語られるようになる。

そうすると、実際にリアルな面接の場でネットの話をするなかで、ネットのなかの自分の輪郭もくっきりとわかってくる感じがあって、それが、リアリティを立ち上がらせるのには必要なことなのではないかと思う。

そのようなことが可能になるためには、ネットの話を面接場面で聴くときには、これは大切なイメージについて聴いているという心構えが必要になってくる。ネットのことについてリアルな他者に語ることによって、逆説的にリアルな現実の自分の輪郭も見えてくるように思う。そうするとAくんのように、リアルの人間関係のあり方を見直す(そこまで意識的なものではないにしろ)方向性が現実的な部分で動き出すこともあるように思う。もちろん、ネットの話ができるようになるまでには、人間関係を形成するための膨大な労力が必要になるが、これもネット社会のなかでの思春期臨床のひとつの可能性として考えていくことが必要なのではないかと考えている。

生きている実感や喜びなどを日常生活のなかで感知するためのセンサーを活性化させるためには、まずは「ネットの話題をリアルで話す」ということにチャレンジしてみるという試みがどうも有効なのではないかと感じている。

3章 「解離っぽい」ことの裏側にあるもの

「解離っぽい」という切り口

「すぐバレる嘘を平気でついて、指摘しても嘘をつき通す」「目の前で、ひどい言葉をクラスメイトに投げつけているので注意すると、そんなこと言っていないと、まったく認めようとしない」「大勢の目撃者がいても、自分はしていないと言い張る」などというトラブルは、学校現場に関わっているとよく耳にする。

このことについては、『フツーの子の思春期』でもずっと目立たずにいた子の問題行動が発覚したときに、目撃者が何人もいたのに「証拠を見せてください！」「何もしていません！」と居直った事例から、それをどう考えたらいいのかということとして紹介した。その事例では、担任が真摯に向き合ったところ、ちゃんと自分がしたことを認めたのに、保護者が関わった瞬間に、本人が「先生に決めつけられた」と発言を翻すようなトラブルに発展してしまったことの背景について考えた（岩宮 二〇〇九）。

その当時、子どもの『証拠を見せてください』というこの「証拠」という言葉は、決して物的な証拠を指していることばかりではないように感じていた。「本当にちゃんと自分のことを見てくれているのか。こんなことをしてしまう自分の、何を大人は見ているのか、見ているのならそれをはっきり示してくれ！」と言いたいのではないだろうかと考えていた。そして確かに、子どものそういう言動の裏にはこんな意味があることもあると思う。しかし、最近はそのような「深読み」が通用しない子たちが増えてきているように感じる。

現場の先生たちは、子どもが「していない」「言っていない」と言い張れば何とかなるという誤学習をさせてはいけないと考えている。そして、もしかしたらこの子のSOSの出し方なのかもしれないと、丁寧に話を聞き、時間をかけて向かい合う努力をされている(その時間と労力をかけられなくなっている先生がたも多くなってきているという事情も残念ながらあるが)。そしてどんなに丁寧に大人が関わっても、最後まで自分がしたことを認めない場合もある(それが全員の目の前で起こったことであったとしても)。

単なる反抗なのか、大人や周囲のひとたちへの不信感が強いのか、意固地になっているだけなのかなど、関わるひとたちはいろいろ考えるが、どうにも腑に落ちない。このようなことが起こるたびに、対応する大人のこころにはざらりとした後味が残っていく。

このように「嘘をついているとしか思えない」とか、「自分のしたことを自分がしたという実感をもっていない」と感じられるような状況を、「解離」という切り口で考えてみると、少し見えてくるものがあるように思う。しかし、これは意識や記憶に関する感覚や感情が完全に途切れてしまうような厳密な意味での「解離」だと言い切ることはできない。なので、いろいろな出来事を考えるうえで、「解離」の問題がベースにうっすらあるのではないかということを、ここでは「解離っぽい」というちょっと曖昧な言葉を使いながら考えていきたい。

保護者との関係のなかで起こる「解離っぽい」こと

ある中学校でのことだった。休憩時間になると、保健室に何人もの子がやってきて、それぞれに体温を測ってすぐに出ていく……というのは日常の光景だ。ある日、体温計の数を養護教諭が確認したところ、数が合わない。養護教諭は、「うっかり持って帰ったひとは、もとに戻しておいてください」と注意喚起の貼り紙をしたが、戻ってくることはなかった。その後、保健室の予備の毛布がなくなったことも発覚し、自転車小屋の隅に、黒い大きなスポーツバッグに入った状態で発見された。そしてそのなかには、体温計が何本も入っていた。

そのスポーツバッグがBくんのものであり、彼のノートも入っていたこと、そしてBくんがその場に居るのを部活帰りの数人の他学年の生徒が見ていたこと、そしてBくんが保健室の掃除当番になったとたんに起こったことなども考えると、Bくんが関係していると考えるのが自然だった。

担任と生徒指導の先生は、Bくんの話をじっくり聞くことにした。彼は、スポーツバッグが自分のものであることは認めたが、毛布を取ったりはしていないと、最初は頑なに認めなかった。しかし「体温計は計っているふりをして、そのままワキに挟んだまま持って帰った」と話したことをきっかけに、「掃除のときに毛布も棚からとりました。塾に行きたくなくて毛布をかぶって自転車小屋の隅でゲームをしていました」と具体的に話をし、その後は涙をぽろぽろと流し始めたのだった。何かいっぱいいっぱいになることがあったのだろうと先生がたは判断し、「家にも連絡しておくね。これからも話をしていこうね」と語りかけた。そのような言葉にBくんは泣きながらうなずいていた。

ここまでは、問題行動の裏側にあるSOSを感じとり、そこに注意を払いながら今後の様子を見ていくという、生徒指導の王道の働きかけができたと言えるだろう。ところが母へ電話連絡をしたときから、担任は違和感を覚えた。この件についてお話したいので家庭訪問に伺うか、学校に来ていただけないかと伝えたところ、「はあ…そうですか……。はい。はい」といった、妙にコミットの薄い返答で電話は切れた。

翌日、両親揃って学校に来られたのだが、「Bに確認したところ、自分は何もしていないのに先生たちに犯人扱いされて仕方なく認めたと言っている。Bを陥れるために、誰かがBのスポーツバッグを使ったという視点が学校には欠けている」と主張されたのだった。どんなに経緯を説明し、何よりも本人自身が具体的に経緯を語って、認めていることなどを伝えても「それもBは知らないと言っている」「私たちは子どもを信じます」の一点張りだった。

学校としては、事実としてはBくんがこの件に関係していると認識しているし、これはBくんのSOSではないかと考えているということを重ねて言ったが、両親に伝わった感触はまったくなく、関わった先生がたは不全感でいっぱいだった。

しかし、担任がショックを受けたのは、翌日登校してきたBくんの様子だった。担任は、Bくんがあれほど自分のしたことを悔いていたのに、真反対な結論に翻意したことで、顔を合わせにくくなっているのではないか、気まずい関係になってしまうのではないかと心配していた。だがBくんはケロリとして、ごくふつうに明るく担任に話しかけてきた。そして以前とまったく変わらない様子がそれからも続いたのだ。

「まったく何もなかったことになっているんですよ。あれだけ泣きながら反省していたのに……」という担任の言葉は無力感に満ちていた。実はこれに類することは、小学校でも中学校でもあちこちで起こっている。

このBくんの「まったく何もなかったことにして、こころの負担を感じないようにしている」という様子は、「嘘」をついているというよりも、「解離っぽい」と言ったほうがぴったりくる。このようなことが起こる背景には何があるのだろうか。

こころの麻酔としての偽ストーリー

我が子が問題行動を起こしたとき、それに正面から向かい合うためには、親は莫大なエネルギーを使うことを強いられる。自分たちに落ち度はなかったか、この子のことをちゃんと見てやっていたかなど、自分を振り返るだけでも実にしんどい作業だ。仕事や生活でギリギリのときなど、これ以上、ちょっとでも負荷がかかることは避けたいという気持ちでいる親も多い。この両親ももしかしたら、そうだったのかもしれない。

〝悪い子〟の自分に親が真剣に向かい合ってくれたと感じることは、子どもにとってとても大事で重要なことであるのは間違いない。しかし悪いことをした子どもに真剣に向かい合うというのは、親も子も、一度は深く傷つくというプロセスを通らねばならず、簡単なことではない。そして、その傷つきが親子双方にとって意味のある体験として熟成して、人生を支えていく絆になるまでには、時間も手間も存分にかかる。

それにひきかえ、問題行動をなかったことにして「子どもを守るために、子どものことを信じると主張する」というストーリーに乗る方法は、親にとっても子どもにとっても瞬間的にいろいろな痛みを消す麻酔のようなものだ。

たとえば学校で先生相手には認めた問題行動について、家で「本当はそんなことしてないんだよね」「あなたがそんなことするわけないよね」という聞き方をされたとしたら、「いや、本当に自分がやった」と親に事態に直面することを促すことは、子どもに相当な負荷がかかる。それができるのは、ある意味、すごい力のある子だと思う。

しかし親の提示するこのストーリーに乗りさえすれば、叱られたうえに、なんで自分はこんなことをしたんだろうと振り返ったり情けない想いをしたりする時間をすっ飛ばして、逆に（今回の場合など、塾もサボっていたのに！）「親がかばってくれた」「自分のことを信じてくれた」と、親子関係をプラスに変換することができるのだ。この麻酔が効いている間は、家族全員がほっとひと息ついて、学校という「悪役」と対決する仲間同士という一体感も味わうことができる。

しかし毎日、学校に行っている子どもは、学校で先生たちに見せた本心と、家での偽のストーリーという矛盾を自分のこころの内に抱えるという大仕事をしなくてはならない。そんなことは問題行動を起こさねばならなくなっているギリギリの状況の子どもにとっては、至難の業である。そういうとき、葛藤を抱えるという苦しみから何とか逃げて、学校生活を何とか今まで通り送るためには、「解離っぽい」やり方ですべてをなかったことにしてケロリとするしかなくなるのではないだろうか。

学校現場に関わっていると、このように子どもの問題行動から、どこまでも目を逸らそうとする保護者がけっこう存在するのだという事実に驚く。ひとを「育てる」とかひとが「育つ」という、効率で考えることなどまったくできない重要なことを省エネしようとする大人の存在に学校現場は苦しんでいる。

問題行動という形をとって、こころに収まりきらない「何か」をせっかく表現した子どもにとって、親が作った偽ストーリーという麻酔が切れたときには(必ず、切れる)、親は〝悪い子〟の自分のことは完全に無視をしたという事実だけが重くのしかかってくる。それは〝いい子〟の自分しか存在意義がないと親によってこころを切り捨てられた痛みとして襲ってくることもある。

オンタイムで味わっていればこころの成長痛として終えられたかもしれない痛みが、時期をずらして訪れたとき、なぜ気持ちの調子がこんなにも悪くなるのかわからないうちに現実が崩れてしまうひともいる。大人になってからの意味不明の心身の不調の裏側に、こういう「解離っぽい」体験があるひともいるのではないかと思う。

行動にこころが追いつかない

では別の「解離っぽさ」について、Cくんの場合を紹介しよう。

Cくんは、身体を動かすことが大好きで、小学生の頃から水泳やサッカーなどに夢中になっていた。しかし骨折をしてサッカーチームのレギュラーから外れた頃から、教室でイライラするようになってきた。

あるとき、配っているプリントを一枚ずつめくることができず、何枚かまとめてつかんでしまったのをきっかけに、「あー！もう！」と叫んですべてのプリントを床に投げつけた。担任がその態度を注意したところ、「僕は悪くない！」と教室を出ていってしまった。

それからというもの音楽室では譜面を、家庭科室では布を、そして体育館ではすべてのボールを出してばらまくなどということが続いた。その現場を見られて指摘されても、「僕はしていない！ 僕は悪くない！」と言い張るのだ。両親は彼のこのような変化を嘆きながらも、学校と協力してなんとかしていこうという気持ちをもっているひとたちだった。どうして学校であんなことをしてしまうのかと聞いても「してない！わからない！」と泣くばかりで、家庭で働きかけて自覚させようにもお手上げ状態だった。

自分のしたことをまったく認めないという点では、意固地になって嘘を突き通しているとも言えるが、これも「解離っぽい」ところがあるのではないかと考えることもできるように思う。

彼の骨折は、急激に身長が伸びたときに起こっていた。身体の急な変化によって、細部のコントロールが効かなくなり、それが怪我につながったのかもしれない。今回の彼の「解離っぽい」言動の背後には、この身体の急激な変化にコントロールがついていっていないという問題もあるのではないだろうか。

最初のプリントの件は、指先の細かいコントロールがたまたまうまくいかず、イライラしたことがきっかけだったのだろう。でも、思いっきりコントロールを外してプリントをそこら中にばらまいたとき、ある種の爽快感もあったかもしれない。爽快感があったとしたら、それは、彼のとっちらかったこころの状態とその行動とがフィットしていたからだろう。そのため同じような行動を他の場所でもしたくなったのかもしれない。

怪我をしてレギュラーを外れることになったなんて受け入れたくない、問題行動なんて起こしてない、それは「僕じゃない」「僕の身に起こったことじゃない」というようなことが、言葉になる前のぐちゃぐちゃな感情になって彼を襲っていると考えてみてはどうだろうか。そのような感情を、彼は今、行動によってしか示すことができない混乱のなかにいるととらえてみると、少しは彼の言動が理解できるような気がする。

レギュラーを外れてストレスを感じているとか、自分自身のコントロールができなくて苦しくてたまらないということを悩みとして自覚し、語ることは、今の彼にとってはまだかなり遠いことなのだ。このようなことが仮説として考えられるとしたら、彼に自分のしたことを言葉で認めさせるのはまだ無理なので、行動を通してこの「解離っぽさ」に働きかけていくことのほうが建設的なのではないかと先生や両親と話し合った。

その結果、Cくんがいろいろなものをばらまくたびに、先生たちは「さ。一緒に片づけよう」とだけ声をかけることになった。すると今までは「僕はしてない!」と逃げていたのに、静かにプリントやボール や布などを一緒に拾うようになってきた。これは自分がしたことを、ちゃんと自分で引き受けていることになる。言葉では認めていなくても、行動では認めていることになるのだ。そしてそれは自分のこころの混乱を自分で収めていくプロセスにもなる。

だからといってすぐにその問題行動が収まるわけではなかったが、やがて一緒に片づけてくれる子に対して自分から「ごめんな。ありがとう」と彼が言ったと、担任から報告があった。これは勝手に先を走っていた彼の「身体」と「行動」に、彼の「こころ」が追いついてきたということなのではないだろうか。

ネットとリアルの「解離っぽさ」

次に、第一章でも触れたネットの問題から「解離っぽさ」について考えてみよう。

中学生のDさんには、学校の「いつメン」に対しての悩みがあった。Dさんは四人のいつメンと学校では常に一緒にいたが、表立って言い争うこともなく、お互いに配慮しあって穏やかに過ごしていた。問題は、帰宅後のこのいつメンとのＬＩＮＥやＸ(旧 Twitter)でのやりとりにあった。学校で会っているときには、お互いに傷つけ合わないように(過剰なほどに)気をつけているのに、ネットだと、リアルで会っているときなら、絶対に口にしないようなキツい言葉で突っ込みが入ってくるのだ。「バカじゃね?」「そういうの足手まといっていうんだよ」「そんなこと言ってるからダメなんだよ」など、頭ごなしに否定されることもしょっちゅうだ。特に学校というリアルな場所ではとても思いやりがあって思慮深くて優しいいつメンのＥさんが、ネットだとどうしていつもこんな攻撃的な言葉で追い詰めてくるのかと、Ｄさんは悩んでいた。

リアルな場所にお互いの身体が存在していると、攻撃的なことをしたり言ったりするのにブレーキがかかるのに、ネットだと脊髄反射で過激なことを口走りやすくなる部分もあるのだろう。しかしＥさんのネットでの激変ぶりは、Ｄさんにはとても理解ができなかった。このように、リアルとネットでの友人の態度の違いについての悩みを打ち明ける生徒はけっこういる。

また、いつメンのFさんは、リアルとオフィシャルな表のアカウントでは優しいのに、裏アカウントでは別人のように意地悪になるので、どちらを信じていいのか、Dさんはわからなくなっていた。「裏アカ(公にしていないアカウント)を教え合ってこそ親友」という不文律が彼らのなかにはあるようで、リアルでの関係のほか、表のアカ、裏アカのすべてを共有するFさんこそがいつメンのなかでも唯一の親友なのだとDさんは思っていた。しかしそのFさんの裏アカでの意地悪さには、他のいつメンへのひどい悪口だけでなく、自分への嫌味などもあった。そういうものを目にするたびに、Dさんは学校でのFさんのいつメンや自分への優しい態度が信じられなくなってきていたのである。このDさんの感覚は当然と言えば当然だろう。

このEさんやFさんのように、人格がリアルとネットでまるで違っていたり、アカウントによってまったく違う面を出したりするひとがいる。彼らは自分のリアルとネットの両方の様子を知る他者がいても、その矛盾についてまったく問題視していないことがある。これは、リアルでの気遣いで我慢していることを、匿名が可能なネット内で自分と知られないようにして毒づくことによって発散しているというパターンとは、まったく違う。リアルではいいひとが、ネットの書き込みなどで誹謗中傷をしていたということが問題視されることもあるが、それは普段は我慢している不満を「匿名」という隠れ蓑を使って発散しているという点で、あくまでもリアルでの自分を守るために、別のところである程度意識的に毒を出しているという感覚があるのだと思う。

このような場合と違って、匿名ではなく、Dさんやいつメンたちという同じ相手に対し、リアルとネットでまったく態度が異なっているEさんや、アカウントが違うと別人としか思えないFさんのようなひとのことをどう考えたらいいのだろう。人格の多面性をキャラの違いとしてネットのなかで出しているというよりも、これも「解離っぽく」なっていると考えたほうがいいように思う。

ゲーム人格とリアル

では、このことをもう少し考えていくために、学校のいつメンとゲームでチームを組んでいるときに起きる問題についても紹介しながら考えていこう。

Gくんは、バトル系のネットゲームを学校のいつメンたちと毎晩、一緒にしていた。ある日戦術を巡ってHくんとゲーム中にすごく揉めてしまった。すると同じパーティを組む「フレンド」を、Hくんから突然、切られたのだった。

いつメンと一緒にしているゲームで、こういう「フレンド」を切った切られたというトラブルは、よく耳にする。そうするとネット内でのトラブルを引きずって、そのまま学校で口もきかなくなることもある。これは非常に深刻な状態だが、ネットでのトラブルがそのままリアルにつながったという、まったく解離っぽくない、ある意味、トラッドなパターンと言える。

しかしGくんとHくんの場合は、そうではなかった。

Hくんは、ひどい言葉で罵った挙げ句、Gくんの「フレンド」を切ったのに、まるでそのトラブルがなかったことのように、翌日、くったくなく学校ではニコニコしながらいつも通りに話しかけてきたのだ。その態度は、ネットとリアルを連続した意識でとらえていたGくんにとって、びっくりすることだった。しかし、学校でHくんとのいつメンを続けることはもうできないのかもしれないと落ち込んでいたのに、そうではないということがHくんの態度から分かったので、Gくんはこころからほっとした。

ところが、である。帰宅後、いつものようにゲームにアクセスしたところ、Hくんは「フレンド」を切ったままでまったく相手にしてくれず、チャットにも応じない。それだけでなく、完全に敵認定でひどい攻撃もしかけてくるのだった。Gくんは、今日の学校でのあの変わらない態度はなんだったんだろうと強いショックを受け、翌日、登校する足は限りなく重くなった。

でも、登校するとHくんはふつうに話しかけてくる。そして帰ってからのゲームではチャットを無視され、激しい攻撃を受ける。これが毎日、繰り返されるのだ。Gくんは困惑し、Hくんとどう付き合っていったらいいのかわからなくなり、そのうち学校でいつも通り話しかけられても、どう対応していいのかだんだん分からなくなって苦しくなっていったのだった。

実のところこれに類する話は、わりと耳にする。このようなワケの分からない状態を何とか理解するために、ここでも「解離っぽい」という切り口で考えてみてはどうだろうか。このような感じで「解離っぽく」なっているHくんのようなひとたちは、リアルとネットで違う世界線を生きていることに違和感がない。このような感覚をもつひとたちが一定数いるため、それによって混乱が起きている部分もあるように思う。

「リアルでは優しいのにネットでは叩いてくる」「裏アカでのキツくて意地悪な人格をなかったかのようにして表のアカやリアルではやさしく振る舞っている」というようなメンの態度の不可解に悩むDさんや、ゲームとリアルでまったく人格の連続性が感じられない友人の様子に驚いているGくんなど、リアル重視のトラッドな心性をもっている子どもたちのこころを惑わせ、弱らせているように思う。「解離っぽさ」は何らかの防衛機能であるのは間違いない。リアルとネットで違う世界線を生きているかのようなひとたちの「解離っぽさ」も、彼らなりの必要性があるからだろう。この必要性の理由として考えられるのは、第一章で述べたように、インフラとしてのいつメンが必要になっているということがそのひとつにはあるのだと思う。学校生活をつつがなく送るために、ネットでいつメンとのトラブルがあったとしても、学校ではそれを「なかったこと」にして、いつメン関係を継続しているのではないだろうか。

自分のしたことを、自分がしたことであるときちんと認めるというのは、「振り返る自分」と「振り返られる自分」との間に関係性ができるということである。「振り返る自分」と「振り返られる自分」との間には、常に隔たりがある。この隔たりを意識しながら、そこをつないでいく努力をし続けることが、自分で自分を信じることができるようになるためには必要なのではないだろうか。

「自分に自信がない」という子たちは実に多い。「解離っぽい」状態が続いていると「振り返る自分」と「振り返られる自分」との間に関係性が生まれにくくなり、それが結果的に彼らの自信を失わせることになってしまっている部分もあるのではないだろうか。

4章　ネットと思春期センサー

「一匹オオカミ」はもうかっこよくない

「はじめに」でも述べたが、今のクラスは、各いつメングループの寄せ集めという様相を呈してきている。クラス編成もいつメンをバラバラにしないように本人や保護者が希望することも多いし、学校側が前もってできるだけそのように配慮することも増えている。いつメンと離されると、それが不登校のきっかけになることもあるので、学校側もそうせざるを得なくなっているのだ。

小学校でも中学校でも授業中にふざけたり騒いだりしている子たちを別々のクラスに離したところ、教室を抜け出していつメンのいる教室で授業を受けると言い張って授業が成り立たなくなるという問題行動に発展することがある。そういう子たちにとっては、教室で授業中にチャチャを入れ合う相手もいない「ぼっち」になることは、耐えられない屈辱なのである。そのため、「ぼっち」になるくらいならば、行動化に走るか、もう学校に来ないかという二極に走ってしまうことすらある。一見、学校や教員への反抗のように見える問題行動の裏側にも、よく話を聞いてみると「ぼっち」がイヤだったというシンプルな理由が隠れていることがある。

このいつメン問題だが、同じクラスになることを希望した相手には、実は別の人間関係の広がりがあって、そちらのひとたちといつメンになっていたことが同じクラスになってから発覚することもある。一緒にいたいと願っていても、いつメングループとしてすでに出来上がっていると、そのなかに新規参入するのはかなりハードルが高い。なぜ新年度ですでに同じクラスのいつメングループが出来上がっているのかというと、春休み中にいつメンを確保するためにＳＮＳでのリクルート活動をするひとも多いからだ。それに出遅れたひとが新年度のスタートでつまずいてしまうこともある(ちなみに中学や高校の入学前にも、同じようないつメンリサーチが行われている)。

本人自身の問題について考える前に、こういう背景があるということにも視点を向けたほうが、その子の状況を全体的に理解するうえでは必要なことが増えている。

また、いつメンと常に一緒にいなくても、ひとりで自分の席で本を読むなり何なりしていたらいいじゃないかと大人は思うのだが、それがナチュラルにできるのは、自分の席が学校での定点になりえているか、「自分は自分である」という意識がはっきりしているか、ひととつるまない孤高のキャラとして周囲から一目置かれているか、まったく周囲のことを気にしないでいられる(これはこれで他の問題を抱える可能性もあるが)場合である。

いくら部活とか他のクラスとか、ネット内とか学校外の場所に仲のよいひとがいたとしても、毎日の学校生活が「ぼっち」であるということを意識しなくてはならない状態は、かなりのエネルギーを消耗する。学校というサバンナで生き延びるために、自分たちで自由に群れを作ることにみんなが価値を置いている状況で一匹オオカミとして存在するのは、実は誰にも相手にされずどこの群れからもお呼びじゃないひとという烙印を押されるプレッシャーとの闘いでもある。

大人は人間関係の規制がきつかった自分の子ども時代の感覚のままに枠組から外れることが大事な

意志表示になっていると考えて「一匹オオカミでもいいじゃないか」「ひとりでいるのはカッコイイことだ」と口にすることがある。その一方で、学校の行き帰りもひとり、休憩時間もひとりでいる子をみると、その子の状態を必要以上に心配したりもする。つまり、いつでも誰か一緒にいてくれるひとがいるということを、その子の社会性の指標とする視点を、大人のほうももっているのである。

一緒にいるしかないから一緒にいる

自分自身は中・高校時代、クラスの友だちも好きだったけど、ひとりで行動するのも好きだったという感覚をもっている親でも、グループができているなかで我が子がひとりでいる姿を見ると、何だか不安になって「どうしたの？　いつもひとりなの？」と聞いてしまうこともある。仲のよい子はいるけれど、たまにはひとりでぼーっとしたくて、少し輪から離れているとすぐに「グループに入りなさい！」と先生から注意されることもある。実は大人たちにとっても、子どもが「ぼっち」になっている状態をプラスに見ることはなかなかできないのだ。

周囲から「ぼっちだと思われる」ことはクラスでの自分の座標軸を失うようなものでもある。だから、テンション高く気持ち悪いくらいに褒めあって、いつメンの社交に忙しくしている子もけっこういる。

そのような子が、「一緒にいて楽しいから一緒にいるんじゃなくて、一緒にいるしかないから一緒にいる感じ。一緒にいることが大事で、一緒にいて楽しいとかつらいとかいう感情は重要度が低い」と言ったことがある。このような状況では、もういろいろな感情を感じないように解離するしかなくなるだろう。そうすると他の繊細な感覚もマヒしてしまい、感じとる力が弱ってしまう可能性もある。「クラス替えがあるたびに、友だちを作るというよりは「確保する」というこころ構えでいる。しばらくしてそのひとと合わないことが分かっても、自分には居場所が他にないから、関係を保たないといけない。友だちというより、学校での立場を守るためのビジネスパートナーという感じ」「自分では仲がいいと思っていた友人から、「ひとりになったらヤバイと思って声をかけたんだよね」と何気なく言われたことがあって、ショックだった。それからは、どうせ私はあなたがひとりにならないための道具に過ぎないんだよねと考えてしまうようになって、何のための友だちなのかわからなくなった」という言葉もあった。

彼らの思春期センサーはこのような複雑な想いをさまざまに感知している。いっそのこと不登校にでもならなければ、安心してひとりになることもできないし、自分にとって何が必要なのかがわからなくなっている子も不登校の生徒のなかにはいるのである。

デジタルな自由連想

ネットが日常生活に入り込み、他者との関わりもネット抜きでは考えられなくなって久しい。また何度も述べてきたことであるが、現代は、近所だからとか同じクラスだからという「場」で守られた共同体の感覚というのがなくなってきている。今の子どもたちにとって共同体というのは、何も考えなくてもその「場」にいたら、いつの間にか自分が含まれているものではなくて、自分の責任においてて生成しなくてはならないものなのだ。ネットで常に誰かとつながっていないと、まるで自分がなくなってしまうような恐怖はそこに根がある。SNSも、ただやりとりをしているという事実が大切で、その内容に意味をもたせているわけではない場合も多い。SNSでやりとりをする人間関係が自分にはある、という事実を損なわないための作業なのだ。

ネット内でのひどい暴言やいじめなどのトラブルは、生身の感覚を失ってしまってそこにいる他者も自分も、デジタルデータになってしまったときに起こりやすいように思う。相手も自分もネット内でのただのデジタルデータのような感覚で扱っていると、どんなに熾烈な攻撃でも痛みなく脳の興奮のままに行われる。しかし、その攻撃を生身のこころで受け止めるとき、攻撃者の予想をはるかに越えたダメージが受け手には与えられる。

このようにネットでの他者との交流が日常になっているなかで、他に置き換えることのできない「自分」をどうすれば感じることができるのかということが、思春期の子どもたちの切実なテーマになっている。

ネットのなかに救いを求めている思春期の子は多く、自分を受け止めてくれる場所はネットのなかにあると感じた体験がある子ほど、当然のことながら、ネット内で自分に攻撃を向けられたときにダメージが大きい。

ネットのなかに救いを求めているのは、現代の思春期の子どもたちだけの問題ではない。大人も、たとえば「Yahoo!知恵袋」や「発言小町」のような相談を簡単に書き込める掲示板や、ハッシュタグをつけたX(旧Twitter)で、家族や友人、恋人や職場の悩みが発信されている。そういう場で、「今」しんどいことを、「今」吐き出して、すぐに反応が返ってくるというようなことが可能になっていると、「約束した時間に、決まった場所だけで会って、料金も支払う」というトラッドな枠組での心理療法に意味をもたせることが困難になっている部分もある。

またネットでは、クリックひとつでさまざまな情報へアクセスすることが可能で、考えたことも予想したこともなかった場所へと簡単につながっていくこともある。次から次へと情報の集積の結果としてやってくるネットの向こうからのデジタルな自由連想によって、自分のこころの深まりとは別に、どんどん知らない地点へと導かれていく。何もする気が起きず、気持ちが落ちているときほど、意識状態が下がり、まるで催眠にかかったように向こうから選択肢として与えられるリンクをたどって検索の海のなかで溺れているのは、思春期の子どもに限らない。このようなデジタルな自由連想によって導かれる地点は、ほとんどの場合、生きる力につながることはない。

このような現代の状況のなかで、ネットを通じて意識が変わるようなことが起こった事例を紹介しながら今のネットと思春期の関係を考えてみたい。

ニコイチではなく、ハッコイチ

Ｉさんは来談時、中学三年の女子だった。欠席や早退、そして保健室への来室回数が増えているということで、担任からスクールカウンセラーに会うようにと勧められて来談してきた。

Ｉさんは学級内では目立つひとたちのグループにいたのだが、そのグループのいつメンたちとの関係維持が彼女の関心の中心であり、エネルギーを奪われていることなのだと話の内容から察せられた。でも学校ではとてもテンションが高く、よく笑っているし、いつメン以外のひとたちには好き勝手なことを言って困らせることもあるなど、傍若無人な印象もあったので、この子が休みがちになる理由が、今ひとつ周囲の大人たちは理解できなかった。

Iさん自身の語りからは、いつメンの顔色をいつもうかがって、面白くない話でも大げさにリアクションをしているらしいということはわかった。人間関係で疲れることもあるということは察せられたが、何がどうしんどいのかは自分でもはっきりとはわからない様子だった(こういう子はとても多い)。そしていつメンへの軽い悪口などは口にするものの、自分の気持ちや悩んでいることについて語るような面接にはならないままに中学を卒業していった。

しかし最後の面接で、卒業後も筆者に会う方法があるのかと訊ねてきたのである。解決したい悩みがあるような印象は薄かったし、いつメンとは別の高校に進学することになった彼女が継続を希望するとは思っていなかったが、相談センターを紹介したところ、高校生になってからも有料の相談で来談するようになったのだった。

自主的に希望して有料の枠組の面接に来るようになった後も、Iさんの話は、X(旧Twitter)、LINE、InstagramなどのSNSでの人間関係のことが中心だった。その話しぶりからは、高校入学後、中学校のとき以上に高校のいつメンとの関係維持にエネルギーを注ぐようになっているのがうかがわれた。

中学のときにはいつメンのなかでも仲がよい子との関係は「二娘一(ニコイチ)」(ふたりでひとりとか、いつも一緒のふたりという意味)で、強いつながりがあるのだと言っていたが、高校に入ってからは「八娘一(ハッコイチ)」になっているのだと言う。いつメン全員と強いつながりがあることを、お互いに確認するために、こういう言い方が必要になってきているのだなと思った。それと同時に、「八娘一」の状態が決して心地よい状況ではないことも伝わってきた。

ちなみに、もともとのニコイチの意味は、不具合のあるふたつの製品を使ってひとつのものをつくることである。この語源から考えても、何とも思春期っぽい響きがある。それがハッコイチにまでなると、どれだけそれぞれの不具合を補い合ってひとつにならなければならないのか、そこまでになると、もうもとの自分などどこにもいないのではないかと思わされる。


親友かどうかはわからないけれど、誰が彼氏かはわかる

自分がそのような関係維持にエネルギーを賭けねばならない世界に生きているのだということを伝えるために、彼女はずっと面接室でSNSの話をしているのかもしれないと感じていた。

具体的には、「すごくうざいレスしてきたからブロックしたけど、まずいなと思って翌日にはブロック解除した」「未読スルーされたから、自分も未読スルーを仕返したけど、何だか気になる」というような話が延々と続くのである。誰でも読むことができるものと、限られたひとにしか見せないパスワードのついた記事(「パス記事」)とを分けているということや、友達登録をするかしないかとか、いつそれをこちらから解除するか(相手に解除されるか)というような話題もとても多い。つまり、人間関係の距離をデジタルに判断しなければならないような(そして、どういう判断をしているのかが、相手にもわかってしまうような)つきあいをしていることが伝わってくる。

そして、遊ぼうと誘ったのに用事があると言って断ってきた相手が、その時間に他のひとと会っていたことがInstagramの映り込みから分かったりすることもよくある。この映り込みを発見するセンサーの感度の鋭さといったら…。そして「本当は私に言わずにあっちと遊んでいたんだ」ということを知って、こころになかなか治らないかすり傷を負うことになる。ＳＮＳでつながっていると、知らなくていいことを知って傷ついたり、秘密がもてない息苦しさがあったりする場面がとても多いことが、彼女の語りからは伝わってきた。

また、フォロー解除したりブロックすることなく、相手の投稿を表示しないようにミュートすることでバレずに遠ざけようとする技を使うこともあるらしい。ところが、ミュートされている気配というのも、された側は思春期センサーでしっかり感知していることも多く、あからさまなブロックよりもごまかされているかもしれないという猜疑心と不信感で苦しむことにもなるらしい。秘密にできそうな機能がＳＮＳにできても思春期センサーの精度もそれに応じて上がっていくのだなと思う。

ところでＩさんは、「誰が親友かはわからないけれども、誰が彼氏かはわかる」と言う。友だちは、どこからが本当の友だちなのかわからないけれど、「男子は「付き合ってほしい」と言われたら、することが決まっているから楽」と言うのである。どういう話を共有したら深い友だちなのか、探り探りじゃないと友だちはできないけれども、男子から告白されて「付き合って」と言われてオッケーしたら「彼氏」という枠にカテゴライズされる。その「彼氏」枠の男性も目まぐるしく変わるのだが、「彼氏」というのは、立場が友だちよりも明確なので楽らしい。

これはこのＩさんに限らず、いろいろな高校生から耳にした。友人という、濃さにグラデーションがある関係は非常に不安になるし、いつメンに対してはインフラとしての維持の意味も加味されるので、「友人」か「ただのいつメンか」という曖昧さに常に揺さぶられる。そのような消耗から、「コクられた(付き合ってくださいと告白された)からカレシ」というように、クリアに分別できる人間関係のほうが楽だから、そういう関係を望んでいることが伺えた。

多重構造のコミュニケーション

ＳＮＳの普及で、いつでも個人端末で連絡がとれるようになったことで思春期の人間関係をめぐる状況は劇的に変化した。ネットでも、mixiやブログというツールは、自分の気持ちや考えなどをひとつの筋を追って語る表現方法だった。しかし感覚や感情についての短文のつぶやきや、写真にキャプションを添えて瞬間を切り取って、すぐに伝えるツールを利用するひとが圧倒的に多くなった。視覚的なインパクトが強くて感情はとても動かされるものの、文脈や脈絡というものを重視しないコミュニケーションがどんどん増えてきている。

動画を公開している中・高校生も多いし、いろんなアプリを使って自分の感覚を映像で表現する技術は格段に進化している。瞬間を切り取る刹那感は、思春期心性に実にフィットするので、夢中になるのもすごく理解できる。

その一方で、仲間うちでの悪ノリをネットに上げたため公的な処分を受けることになったり、うっかりしてしまったバカなことが、生涯、デジタルタトゥーとして消えずに刻まれたりすることもある。また、文脈が読み取れないなかでインパクトのある言葉やイラストが感情の誤読を生んだり、つい呟いてしまった悪口から、思いもかけないトラブルになったりすることもある。

帰宅後でも接続可能な人間関係があるということは、思春期の子どもにとってとても魅力的なことである。しかしその反面、いつでもつながれるのに誰ともつながっていないとき、つまり自分の発信に誰も答えてくれないときなど、世界から切りはなされてしまったような孤立感に襲われる危険も大きい。

そのような恐怖を避けるために、「人間関係の保険」をかけているひともいる。つまり、このひとがダメなら次のひと、それでもダメならこのグループと、誰かとは必ずつながれるように前もって保険をかけておくのである。Iさんもこのような保険グループを、優先順位をつけながらいくつも確保していた。Iさんとは別の子だが、「保険っていうか、それって生命維持装置みたいなものだから」と言った子もいる。

SNSのこのような使い方は、言葉にできない複雑な感情や感覚を自分のなかで抱えるのではなく、なるべくそのようなことを感じなくてもすむように、薄めて広げてごまかしている状態とも言える。もちろん、SNSでこころの苦しさをギリギリのところで救われているひともいるのでそれが悪いというわけではない。ただ、今の不安を今すぐ誰かに収めてほしい、自分の存在を、今、認めて安心させてほしいという即効性をSNSに求めるとき、それはせっかくのこころのキャパを広げるチャンスを逃している状態だと言えるのかもしれない。

Iさんもそうだったが、一見楽しそうに学校生活を送っているように見えるのに、「ひとが信じられない」「いつメンはいるけど親友はいない」と語る思春期の子どもとは、相談室でよく会う。たとえば、会って話をしているときにはとっても楽しげに盛り上がっていたのに、その時間に「落ちるー」とか「なえるー」などとつぶやかれたりすることがあるらしい。そうすると、自分と一緒にいるときにそんなことを発信するということは、本当はつまらなかったのか、自分が言ったことで何か落ち込むようなことがあったのかと気になって仕方なくなる。しかし「どうしてそんなことしたの」などと面と向かって相手に聞く勇気があるひとなどめったにいないし、聞いてもスッキリした答えなど返ってこないこともわかっているので、ただぼやっとした不信感だけが澱のように残る。このように被害感と加害感の両方を抱えることにもなり、それが人間関係に余分な感情を巻き起こしてトラブルの元になっている(たとえば先ほどのミュートの件をめぐってもこのトラブルは増えている)。

では、表面的には楽しく仲よくすることにこころを砕きながら、このような矛盾をはらんだ多重構造のメッセージがＳＮＳで発せられるのはなぜなのだろう。これはわざわざ言語化して発信するから矛盾が目立つのだが、ひとと会っているときのこころの動きはそもそもひとつの感情だけで貫かれているものではなく、いろいろに揺れる瞬間はあるものだ。実際に会っているときにふと感じた「あ、なんか今、ちょっとつまんない」というような一瞬の感覚など、普通は言語化して認識するまでもなく自分の内側に押しとどめながら、スルーしておくものである。ところが、それを副音声のようにわざわざつぶやきとして外に出しているのだとも考えられる。これは自分のこころによぎった一瞬のネガを(ネガに限らず、感覚や感情が動いたら)自分の内側で抱えずに、外付けのこころとしてＳＮＳで即座に外に出している状況だと言えるのかもしれない。思春期センサーが感知したものを、反射的に外に発信してしまう状態と言ってもいいだろう。

それを相手に見られる可能性については、意識していないというか、注意が行き届いていないというか、これも「解離っぽい」感じだといってもいいのかわからないが、脇が甘い子がけっこう多い。またあまりにいろいろなアカウントをもっていると、どれが誰に公開している自分なのか管理ができなくなって、誤作動でのミスで投稿してしまうひともいるようだ。

またとても気を遣って送ったメッセージに対して自分の思ったタイミングで返信がなかったり、相手に負担をかけないために、しんどいことを軽めに発信したらスルーされたりしたことが重なったときにも「ひとが信じられない」という気持ちになって、どうかすると「消えたい」と思うほどに落ちてしまうひともいる。実際に会って話すよりも、SNSでの交流の分量が多くなると、会ったときに得られる安心感よりも、その後のSNSでのすれ違いのほうが胸にこたえるのである。

会っているときの感覚を、会っていないときにもこころのなかで想うことができるところから信頼感は生まれてくる。相手の存在をこころのなかに住まわせるというプロセスは、交流していない時間に育まれるものである。そのような人間関係の余白時間に、待つことができる力や、ひとりでいられる力は身についていく。ところがSNSがあると、いつでも人間関係を求めることができてしまうので、速攻での反応があるのかないのかということで、信頼できるかどうかという程度をはかってしまいがちになる。

そして先にも述べたが、いつでもつながれるのが当たり前という関係は、つながりたいときにつながれないと、すぐに「自分のことなんてどうでもいいと思っているんだ」という不信感を生む。そのため、SNSがコミュニケーションの中心になっていると、信頼感に基づいた深い人間関係を実感しにくくなっている部分もあると考えられる。

思春期のこころを育むためには、誰とも交流しないひとりだけの時間がどうしても必要である。その時間を奪っているというところに、一番のSNSの闇は潜んでいるのかもしれない。

思春期心性の暴走をうながすSNS

Iさんは、今カレ（今つきあっている彼氏のこと）とちょっと連絡がつかなかったりすると、それだけで嫌われたのではないか、別のひとと浮気をしているのではないかと疑心暗鬼の奈落に落ち込んでしまう。そして、そんなときには誰でもいいから会ってくれる男性をアプリで探すようになっていた。

そして今すぐに会ってくれるというのなら、どんな相手かも吟味しないまま、一緒にいてくれる代償として、まったく本意ではなくても、身体を触られたりすることを受け入れてしまうことすらある。そしてその相手といるときに、今カレから「電源落ちてた。今どうしてる？」などとLINEで連絡があると、もう嬉しくてたまらず、そのときに一緒に居た相手を適当にいなして今カレに連絡し、一気に幸せのテンションが最高潮に高まる。さっきまで自分が絶望の淵でしていたこととの感情の落差を、まったくコントロールできないのだ。

Iさんがこのような自分の対人関係のあり方について言語化ができるようになったのは、高校二年になった頃からだった。

「好きなのは今カレだけだけど、連絡がつかなかったりすると、もうどうしようもなくなる。自分のことヤバイなって思うけど、そのときはどうしようもない」とIさんは言っていたが、それは彼女だけでなく、このようなことを言う子は他にもいる。いつでもカレと連絡がとれてしまうツールがあるがゆえに不安にもなるし、すぐに見知らぬ誰かとつながることができるSNSがあるからこそ、その不安からこのような行動化も起きてしまうのである。SNSはこのように感情にストッパーがかけにくい思春期心性の暴走を招きやすいのである(ちなみに、「ひま部」という学生限定アプリが当時はよく使われていた)。

Iさんの話を聴いていると、「カレシ」(カレピとも言う)と呼ぶことができる存在があるときは、いつもその相手のことを大切に想っているのが伝わってくる。そのような意識をもっていても、こころと切り離された身体は、淋しさを埋めるためのツールとして使われてしまうこともある。

しかしいくらツールだからと言っても、絶望の感情を埋め合わせるために身体を使ってしまうと何かが損なわれてしまうことを本人もどこかでわかっている。でも、それはカレシじゃないひとと関係をもってしまったという罪悪感とは、どうやら違うのである。「それって、彼に悪いなと思わない?同じことを彼がしていたら嫌でしょう?」と問うたところ、「うん、絶対、嫌だ。だけど彼に悪いっていうのとは違う。違うけど、よくわからない」と言って、それ以上の説明ができない。特定の相手に対しての個人的な罪悪感をもつというのは、もう少し感情が分化していないとできないのかもしれないと感じていた。

「個人の問題」と「関係性の問題」

Iさんを始め、思春期のひとたちと話をしていると、人間関係の話題がメインになることがほとんどである。思春期は他者との関係性にもっとも関心が向く時期なので、それは当然と言えば当然なのだが、『フッーの子の思春期』を出版した頃は、もっと自分自身の性格についてとか、人間関係の話題にしても、そのやりとりで自分がどう感じたのか、そういう自分についてどう考えたらいいのだろうかという視点が話のなかに含まれることが多かった。しかし、二〇一〇年頃からは、ＳＮＳでのトラブルなど、ＳＮＳをめぐる関係性の話題に終始する面接も圧倒的に増え、自分のあり方などに視点を向けて語るようになるまでには、年単位の面接期間が必要になる場合が多くなった。

このことは、自分自身のことを語るという意味での「個人の問題」を中心に扱う臨床から、「関係性の問題」を相談室で扱う比率が高くなってきているとも考えられる。もちろん、どの時代でも「個人の問題」と「関係性の問題」は両方絡み合って存在していた。そして「関係性の問題」も、それは自分のとらえ方次第で変えていくことが可能であるという「個人の問題」としてとらえていく働きかけも受け入れられていた。しかし今の思春期臨床では、それはとても難しくなってきている。

「個人の問題」は、言語化することによって問題のありようを深めていくこともできるし、言語化できなくてもイメージで表現することによって治療的に働く可能性があるが、「関係性の問題」の比重が大きすぎると、臨床心理的な治療的接近が困難になり、環境調整のほうがずっと意味をもつようになっていく。しかし「関係性の問題」の比重がどんなに大きくても、面接を続けていくなかで、内省や意味深い夢の報告が生まれることもある。ただ、そのような表現が生まれるまでには、先ほども述べたが、非常に長い時間を必要とするのである(並行して環境調整が必要になることも多い)。

この「関係性の問題」に含まれるものが、以前ならば言語化以前のそのひとを支えている社会との関係のなかの土台になっている部分(共同体)だったのだろう。それを個人の力で作っていかねばならなくなっているだけに、面接内でもそこへの言及の割合が増えてきているのかもしれない。

「個人の問題」としての主訴があるケースでも、先ほど述べたように以前に比べて治療的なイメージ表現が生まれるまでに、その表現の培地を耕す作業が長期間、必要になってきているのを感じる。これは表現が生まれるための心理的な環境自体が痩せてきているために起こっているようにも思う。その心理的な環境が足りなくなっていることに対しての飢餓感が、たとえば「推し活」のムーブメントにつながっている部分もあるのではないだろうか。イメージを広げながら他者を応援したいと思って活動すること自体が、表現が生まれるための心理的な環境作りになっているように思う。そのため「推し活」について面接場面で語ることが、大事な治療イメージにつながっていくことにもなるのだと感じている。このことについては、拙書『思春期心性とサブカルチャー』に詳しく述べたので、興味をもたれた方は読んでいただけたらと思う。

俯瞰から生まれる自分

さてIさんとの面接に大きな変化が起こったのは、最初に中学三年時に会ってから三年ほど経ったときだった。

ある日彼女は、何気なくスマホのGoogleマップで自宅の住所を検索してみた。するとストリートビューで自宅が正面からバチッと映し出されたのだという。そうしたところ、自分は画面に触っていないつもりだったのに、急に航空写真になり、そのまま日本全土を俯瞰する画像になったのだという。これも、見方によっては「たったそれだけのこと」ととらえられるようなエピソードであるが、彼女にとっては、衝撃的なことだった。

「すごく変な感じだった。世界のなかのここに自分がいるんだって思った。何か、そうかって感じ」と彼女は言っていた。どう説明したらいいのか苦労していたが、そのときの感覚を一生懸命、伝えようとしていた。彼女の説明によると、ストリートビューで映った自宅の写真は、一年半前の画像だったらしい。自宅は半年前に玄関を改装していたため、そこに映っているのは、一年半前の自分の家だったのである。

これは、いつもSNSでの人間関係という横軸の関係性でつながるためのツールとして手元にずっともっていたスマホから、一年半前の「過去」の自分の家という時間軸をさかのぼるようなものが飛び込んできて、そこから今度はいきなり俯瞰という垂直軸の視点が加わったという、偶然が生み出したとても重要な瞬間だったと考えられる。

ところで、養老孟司(二〇一四)は、「生物的な自分というのは、地図の中での現在位置の矢印ではないか」「「自分」「自己」「自意識」等々、言葉でいうと、ずいぶん大層な感じになりますが、それは結局のところ、「今自分はどこにいるのかを示す矢印」くらいのものに過ぎないのではないか」としている。そして、山に登るときに、山のありようを描いている地図があっても、そこに現在位置が描いていないと、その地図はまったく役に立たない。だから、自分がここにいるという地点が本当に定まるというのは、世界がそこでわかることにもつながるのではないか。だから、現在地はここであるということ、つまり他との関係のなかでの自分の位置づけがわかるのが、「自分」ということに気づくことではないかと述べている。

Iさんは Google マップという、デジタルの最先端のツールによって、自宅の現在地が世界のなかに間違いなく定位しているということを驚きとともに知るという体験をしたと言えるだろう。そしてそのことが、今までにない意識が生まれるきっかけになった。

彼女は、関係性のなかに自分を定位するということを、SNSを通じてずっと試みていたのだが、ただでさえ不安定な思春期の関係性のなかに自分を定位させようとすること自体が、大きく揺れる船のなかで積み木を積むような大変さがあることである。そのため、定位しようにも定まりきれなかったと思われる。ところが「自宅」という動かない「場所」を通じて、関係性という横軸に、場所を俯瞰する縦軸と、過去と現在をつなぐ時間軸が交差し、その交差点に自分を定位することができた感覚があり、「世界のなかのここに自分がいるんだ」と感じたのではないか。彼女のなかの思春期センサーが、このようなことを感知したのだろう。

自我体験の訪れ

第二次性徴が身体的な意味での思春期の到来だとすれば、心理的な意味での思春期到来のメルクマールと言えるのは「自我体験」である。少し理屈っぽいことを言うと、Bühler(1921/1969)という心理学者によると「自我体験」とは、「自我が突如その孤立性と局限性において経験される独特の体験」であり、「第二の誕生のごときもの」である。そしてこのプロセスは段階的に進行するものではなく、「突然、否応なく降りかかってくる出来事であり、この体験によって、かつての世界との調和した関係は失われ、自らと世界との間に不可逆的な裂け目が生じる」としている。

つまり、思春期の「自我体験」は、突然、自分がほかの誰でもない「私」という存在であることを強く自覚させると同時に、ひとを孤独へと至らせるのである。思春期センサーは、この自我体験を経たのちに活性化すると考えてもいいのかもしれない。

この「自我体験」については、高石（一九九六）による風景構成法を用いた発達研究がとても有名である。風景構成法というのは、風景のそれぞれのアイテムをまとめてひとつの風景へと構成しようとする描画法である。ひとつの風景に構成しようという意図が希薄だった子どもの風景構成法の作品が、一〇歳頃になると急に鳥瞰図のように、全体をはるか上空から眺めた風景が表れるようになる。この時期を経てから、次第に「私」という視点の成立をうかがわせる遠近法表現が見られるようになっていくと高石は考察している。

この高石の考察からは、二次性徴とともに訪れる身体的な思春期に先駆けて、一〇歳頃に「自我体験」としての思春期を迎えている子どもがいる可能性が示唆されている。小学校四、五年生の子のなかに、このような体験をしている子がいるということだ。ほとんどのひとたちはこの「自我体験」としての強烈な記憶などは残っていないのだと思う。でも、自分と世界がつながっていた一体感に切れ目が入るような寂しさや怖さを感じて、いろいろなことに怯えたり（雲が風で流されることが怖いと訴える子もいた）、また妙に保護者に甘えたくなったりするのだと思う。そしてそれとともに、自分は自分であるとか、自分は世界のなかに存在しているのだという感覚が生まれてくるのである。このような事例については、第九章で紹介する。

さてこのIさんのGoogleマップでの出来事をどう考えたらいいのだろうか。一〇歳の頃から起こる感覚ではあるが、Ｉさんは一七歳になったときにこのGoogleマップの出来事を通じて「自我体験」が訪れたと言えるのではないだろうか。面接に来ていたために、彼女には継続的に語るという場があった。そのことで、この感覚を彼女は大事なこととして語ることになったのだろう。そうでなければ、何となく一過性のバグのような、どうということもない出来事として日常に埋もれていったのだと思う。

生身の人間関係よりもデジタルな関係性がメインになっていると、それが遠因のひとつになって（これが原因というわけではない）「自我体験」の訪れが一〇歳をずっと越えてＩさんのように遅くなってしまうこともあるように思う。もちろん、これは個人差があることだし、いわゆる発達の問題とも少し違うと思うのだが、この「自我体験」がはっきりしない状態だったからこそ、彼と連絡がつかないときに別の男性と会ったりすることに対しても、悪いと思うというような罪悪感などをもつことがなかったのかもしれない。

目と耳と指先だけを使うスマホの世界

このGoogleマップ体験の後、Ｉさんとの面接の内容は大きく変化した。彼女は自分の好きなものとか、苦手なものの話を積極的にし始めたのだ。

「自分はイカゲソが好きなんだ」とか「生クリームとか甘いものが苦手だから、本当はみんなとあんまり話が合わない」と言う。それまでは、「みんなでスイーツ食べにいった」とか「コンビニで美味しいスイーツみっけ！」などという記事をInstagramにアップしたりしていたのに、実はそれはい

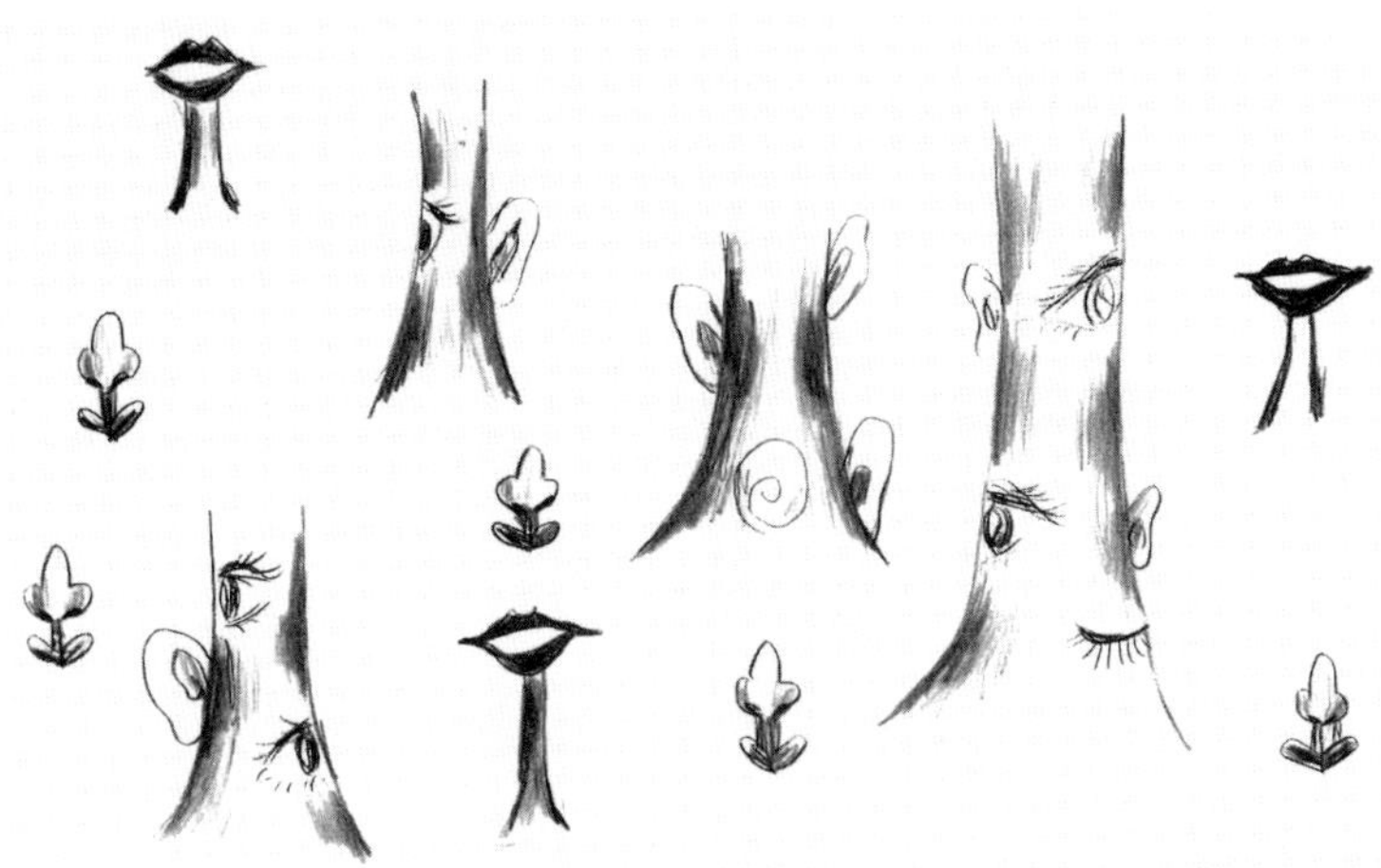

絵1(模写)

つメンのおつきあいでしているだけで、苦手なことだったということがわかってきた。このような話題からもIさんなりの、Iさんでしか語れないありようが、やっと面接場面で出てきたのだった。つまり関係性の話題よりも、自分自身についての語りが増えてきたのである。

やがてIさんは「なんだかよくわからないけど、絵を描きたくなったから、描いてきた」と絵を持参してきた(絵1)。

彼女はこれを森の絵だと紹介した。木の洞が目になっていたり、新芽が耳になっていたり、口や鼻は別の木から生えている。胴体や顔という輪郭を示すものは描かれておらず、感覚器だけがむき出しになっている。全体をまとめ上げる身体はまだ存在していないけれど、ぎりぎり、木という命のある植物についているのだなと思った。

このように彼女には自分の身体を全体のまとまりのあるものとして感じられないような身体感覚があ

ったから、自分の身体を気持ちと解離してしまっていたのだろう。彼女にとって、彼のことを想っているという自分のこころだけがその瞬間、確かなもので、身体はそれほど確固としたものではなかったのかもしれない。目と耳と指先だけを使うスマホの世界のなかで、彼女は生きていたのだなということをしみじみと感じた。

こういう変化が起こってきたのは、とても重要なことであるが、現実的にはよいことばかりではない。このようなイメージ表現が可能になってからというもの、彼女は体調不良で学校にほとんど行けなくなっていった。これは「自我体験」から生まれた身体の問題が彼女のなかで重要になってきたため、身体化を通して、身体のプロセスを通らねばならなくなっていたのではないだろうかと考えていた。この頃のIさんは、帯状疱疹をはじめ、原因不明の目の不調や、中耳炎や口内炎もかなり長引き、来談してきたときも元気がない時期が続いた。〈絵1〉で表されていた皮膚や、その他の感覚器にも、大きな変化の影響が及んでいるのだと感じながら会っていた。

彼女はずっとLINEだけはいつメンとの連絡用に続けていたが、それもめったに使わなくなり、X(旧Twitter)とInstagramはもう更新する気がなくなったといって、アカウントを消してしまったという。あれほど生活の中心だったSNSから離脱していったのである。

しかし体調の悪さもあって、高校三年への進級が難しい状況になってきた。ギリギリの日数で進級ができるかどうかというときに、「体調が悪いときにすっごい怖い夢を見た」「それを絵に描いたから」と言って持ってきた〈絵2〉。

宙に目があり、黒いのが頭で、平べったいペラペラの手と足が転がっており、胴体はない。〈絵1〉

絵2(模写)

では目や鼻や耳といった感覚器があったが、この〈絵2〉は、目だけはひとつあるものの、手も足も紙のようで厚みもなく胴体はない。彼女は「もう、これ、めっちゃ怖かった」と言っていた。

この目は、このバラバラになった手足と頭(胴体は存在していない)を見ているわけではなくて、ただ宙に浮いている感じだということだった。バラバラになっているのが自分なのか、浮かんでいるのが自分の目なのかそうではないのかもわからないとIさんは言っていた。自分がどの視点から見ているのか、どういう体験なのかもわからないという、オリエンテーションがまったく摑めないほんとうに怖い夢だったことが、絵からも語りからも伝わってきた。

その頃の彼女は相変わらずあらゆる体調不良が続いていて、さまざまな医療機関にかかっていたが、なかなかよくなってくる気配がなかった。この夢の絵にも見られるように、「身体」というものを（バラバラになっているという否定的な形ではあるが）意識せざるを得ない状況なのだろうなと考えて会っていた。

体調が悪いなかでも、一度も来談は途切れることがなかった。そして、夢を通じて思春期センサーが感知したものを絵に描いてもってきて、一緒にそれを感じとることが可能になっていること自体が、この治療プロセスの大切な守りになっているのではないかと感じていた。

身体をしっかりと意識すること

彼女は高校三年には何とか進級したのだが、体調不良が多くなかなか出席が続かなかった。すると彼女は「学校を辞めて、高卒認定を受ける。で、進学はすることにする」と決意した。それとともに、最後に残していたＬＩＮＥのグループからすべて撤退してしまった。ＬＩＮＥは学校に行くための人間関係を確保するためにしなければならないタスクだったのだが、そこから彼女は完全に降りたのだった。

高校二年までの単位がすべて取れていたこともあって受験科目が少なかったため、彼女はその年の高卒認定にすぐに合格した。すると彼女は、たまたま介護施設のバザーに行ったことをきっかけに、介護についての講習会に行くようになったのだった。そして実習もさせてもらえるんだと、その話題を生き生きと話すようになっていった。

やがて進路を決める時期になると、彼女は迷いなく介護の専門学校に行くことを決め、合格したため遠方へ行くことになった。引っ越しをする直前の終結時に、彼女は最後の絵を持ってきた（絵３）。

絵3(模写)

これは夢の絵ではなく、〈絵1〉と同じく、何となく描きたくなったから描いたというものだった。小さな木がいっぱい描いてあって、森のなかのようである。そして真ん中にカップに入ったウサギが描いてある。このウサギは「キティちゃんの隣にいる子です」とのことだった。Iさんも名前がわからないと言っていたので、後で検索をしてみたところ、このウサギは名前も曖昧で(デイジーというのではないかという説が有力だったが)、グッズもほとんど売っていないことがわかった。

キティちゃんという世界中で人気のあるキャラでなく、キャラとしても成立していない無名に近いウサギに、彼女は自分自身を投影したのではないだろうか。

深読みのし過ぎかもしれないが、これは学校に行っているときのいつメンのなかでの彼女のキャラの問題とも関係しているように感じる。

彼女は中学のときは「ツッコミキャラ」で、高校のときには「天然キャラ」だったという。中学のときには特にツッコミなどしたくないときでも、話の最後に彼女が何かオチをつけなくてはならない役割を背負うことも多く、それがとても負担だったという。そして高校の八娘一《ハッコイチ》のときには、そういうツッコミから一番遠い天然キャラになっていたけれど、ときどき、自分がとてつもないバカになっていっているような気がしていたと言っていた。でも、「キャラがはっきりしていないと絡みにくい」と言われるし、同じいつメンのなかのキャラかぶりはNGだから」、このようなキャラを彼女は演じていたようだ。

インフラとしてのいつメンを維持するために、本来の自分とは違うキャラを演じるというのは、なんと消耗することだったのだろうか。

キティちゃんは、ご当地キティちゃんのように四〇〇〇種類以上のバリエーションがあったりするが、すべて着ぐるみであって、元のキティちゃんのキャラは変わることがない。キャラ自体は成長も変化もしない。それこそがキャラなのだ。

Iさんの「ツッコミキャラ」も「天然キャラ」も、成長や変化をしたらそれはインフラの崩壊になってしまうので、そこから降りるためには彼女は学校から距離をとるしか手段がなかったのだろう。そして、キティちゃんの隣にいる、この名前もあまりはっきりしないウサギをなぜか描きたくなったというのは、キャラを作ってひととつながるような地点とはもう違ってきているということを彼女の思春期センサーが感知して、それが表現につながったのかもしれない。

そしてそのウサギの身体は相変わらず描かれておらずカップのなかに入ったままだが、〈絵1〉の感覚器がむき出しになった木と違って、今回はカップと森によって守られている印象があった。

Iさんは高校を辞めてからは身体症状が徐々に解消していったのだが、それはキャラの維持や人間関係をSNSで維持していくストレスから解放されたという部分があるのも確かだろうが、それだけではないようだ。彼女は介護の講習会や実習について、どのように清拭をするとしてもらうひとが楽なのか、どういうふうに身体を支えると寝返りがしやすいのかなど、身体の扱いについて具体的に生き生きと話していた。このようなことからも、彼女は他者の身体のケアについて学ぶことを通じて、自分の身体を感じ、再構築していくようなプロセスを歩んでいたように思う。このことも彼女の回復には関係しているように思う。

そして男性とのつきあいも、介護の実習のときに行った施設で知り合った彼との仲が穏やかに続き、以前のような身体とこころを解離した感情の乱高下もなくなっていったのである。

変化の際の暴力性

Iさんにとって変化のきっかけとなった絵や夢といったイメージが立ち上がる契機になったのは、Google マップによって「世界のなかでの自分」が「現在地」として規定されたときからだと思う。

このようにして生じた自己感覚が、手元のツールであるネットを通じて訪れてきたことについて、先に横軸、縦軸という言葉で説明したが、もう少し違う表現で言い換えてみたい。

「個人の問題」のことを、自分自身を深めていくイメージととらえて仮に「垂直軸の問題」とすると、「関係性の問題」は横のつながりをもつものなので、「水平軸の問題」ということもできるだろう。その「垂直軸の問題」と「水平軸の問題」が、Google マップの一件で、十字に切り結ぶことになったとき、その接点にイメージが立ち上がってきた……と考えることはできないだろうか。この接点が生じない限り、変化につながるようなイメージは立ち上がってこなかったと考えられる。

しかしその接点が生じたときには、スパークが起こったかのように、ある種の暴力性が布置される。彼女のセンサーが感知して表現したものは、感覚器がむき出しになっていたり、胴体のない身体がバラバラになっていたりするなど、グロテスクで暴力的な印象も受けるものだった。そして身体的にもIさんは相当な体調不良に見舞われた。これは、垂直軸が水平軸と切り結ぶときには、日常性を超えた暴力性が入り込んでくることによる影響によるものだったと考えられるのではないだろうか。

この暴力性の問題については次章でも少し触れるが、第六章で詳しく事例から考えていこう。

思春期のよくわからない
不調の裏側には、
こういうこともあるのだ

私って強迫神経症なんですか

すごくそれって怖いけど、
何だか大事なことだって思う

II

5章　消え去る女性のイメージ

理不尽な事件をこころに落とし込むための物語

筆者がかつてスクールカウンセラーとして勤務していた地域で、不可解な重大事件が起きた。真面目な女子大生が突如として姿を消し、県境の山で、無残な姿になって発見されたのだ。まず、頭部だけ。その後、胴体。のちに大腿部が見つかった。そしてまるで警察の捜査をあざ笑うかのように、遺体が発見された後になってから、それまでなかった場所に彼女の靴が置かれていた。いくつか遺留物は見つかっているものの、犯人の目星は長い間、まったく立っていなかったが、事件の七年後に、犯人がその事件直後に事故死していたことが明らかになった。

このような猟奇的な事件は、昔も日本の各地でひっそりと起こっていただろう。土地とのつながりが強く、狭く、濃い人間関係によって成り立っていた共同体のなかで起こった異様な出来事は、現代の私たちがニュースなどによって知って感じる不安よりもずっと深く、そこに住むひとたちを脅かしていたに違いない。そんなときひとびとは、この非日常的でやりきれない出来事を心に納めていくために、何がしかの「物語」をきっと必要としたのだと思う。

だから、気立てのよい娘が鬼にさらわれて喰われたというような「物語」を作ることで、鬼という異界の存在を「犯人」として登場させて繰り返し語り、常識的には理解のできない出来事を何とか心のなかに落とし込んでいたのではないだろうか。それは共同体全体で不可解な出来事を抱えながら、暮らしていくためにも必要な物語だったのだと思う。

ところがマスコミやネットの発展によって、このような事件はすぐに詳しく全国報道されるようになった。そうすると事件がもつ本質的な不安は集約されることなく、広く薄く拡散していく。そしてそのうちに他の多くの異常な事件のなかに紛れて、すぐに遠い出来事として忘れ去られる。過剰でヒステリックな注目のあとに、消費しつくして新鮮みがなくなると、過去の情報としてあっという間に打ち捨てられてしまう。それは二重三重に、その事件の当事者や近くに居るひとたちを損なうことになる。

その土地に生き続けなくてはならないひとたちが、日常が大きく脅かされた出来事に直面したとき、そのことをこころに納めて日常生活を営んでいくためには、その共同体のなかで語り継がれる何がしかの「物語」が必要になってくる。そしてそれは、昔話のように「ここではないかもしれないどこか」の話として語られるものではなく、異界とその土地の具体的な日常とを結びつけるものとして語られることが必要なのだと思う。

もしかしたら、昔話のなかに出てくる「鬼」も、「鬼」という日常にはいない異界の存在を想定したものであっても、実はそれは共同体のなかに住む異常性をはらんだ実在の人物のこととして、そこに住むひとたちには周知の事実として共有されていたものだったかもしれない。

そのような現実に即した「物語」の集積として『遠野物語』(柳田 一九一〇)がある。いきなり、なぜ『遠野物語』？と思われるかもしれないが、これは共同体のなかの出来事を「物語」として書いである名作古典である。『遠野物語』は共同体が異常事態に直面したときに日常性を保つために必要とした、ある種の心理療法としての意味をもつ物語群としてもとらえられる。

今を生きるひとたちのこころの奥底で動いているものを考えるうえで、その当時のひとたちが共同体のなかでの出来事をどうとらえていたのかということをそこから推し量り、今の思春期の心性との関連を考えてみたい。

では、遠野物語が一〇〇年後の私たちに与えてくれているヒントを、さきほどの重大事件に対する中学生の反応から見てみよう。

重大事件に対する中学生の反応

女子大生の惨殺事件のあった土地でスクールカウンセラーをしていた縁で、そこの先生たちからこの事件の後の中学生の反応について、話を聴くことがあった。

中学生の多くは、事件が起こり、被害者の遺体が発見されてしばらくの間は「すごく恐い」「犯人がわからず気持ち悪い」などと言っていたが、ひと月も経たないうちに事件について話題にする子はいなくなったという。それは、ひとりひとりが友人や周囲の大人や家族の守りを感じながら不安を納めていったのだとプラスにとらえることもできる。だが一方で、これほどの事件であっても、どこかリアリティが希薄で、報道を通じて知る遠隔地での他の多くの事件と同列の出来事のように感じられているため、大きなこととして受け取っていない可能性もある。またそれとは逆に、不穏な空気にいちいち敏感にセンサーが反応していたら、不安のあまり日常生活を普通に送ること自体が困難になるので、感情を解離して何もなかったことにしながら過ごしているのかもしれない。裏側で動いている心理はさまざまでも、その土地の中学生たちがこの重大事件についてあまりにも短期間で忘れ去ったようになっているということが、現場では話題になっていた。しかし表面には出てこないところで、ひそかに動いていた物語がある。それを紹介していこう。

女子大生が姿を消して行方も生死もわからなくなったという報道がかまびすしい頃、「先生、あれは神隠しじゃないですか。だってそのひと、とても小柄だったっていうし。絶対一〇歳くらいに見えたんだと思う。どこか違うところで生きてますよ、絶対」と大真面目に担任に言ってきた男子がいた。スポーツ一途のシンプルな子だと思っていたのに、そんなことを考えているのかと先生は驚いた。彼の語り口からは、この事件に対して真剣に考えていることが伝わってきた。

やがて部分遺体が発見され、女性がどこかで生きているという可能性が否定されてしまった。それがはっきりしたあとで、その男子がまた何か言ってくるのではないかと、先生は慎重に彼の様子を見ていた。しかし遺体発見について、彼はまったく何も語ることがなかった。神隠しではなく、酷い殺され方をしていたという結末がこの子にどう影響しているのだろうとその先生は心配していたが、その部分はまったく完全にスルーだったのだ。そして、靴が新たに発見されたときになって、「神隠しにあったひとは、いなくなった場所に靴脱いでいくみたいですよ」と真剣な顔をして寄ってきた。その男子にとっては、遺体が発見されたという事実よりも、女性が忽然と消えたということと、靴が見つかったということのほうが、よほど語るべきイメージだったようだ。

彼にとってこの不可解な事件は、「神隠し」としてこころに納めていくことがどうしても必要だったのだろう。だから、いくら遺体が発見され、神隠しの文脈では読み取れない結末になっていたとしても、その部分は彼の物語からは削除されていたのだ。日常的な感覚では理解しがたい出来事をこころに納めていくプロセスのなかでは、その個人にとって、必要なイメージだけが強調されて物語化されることがある。特にこの男子のこころのなかでは、思春期における女性のイメージが実際の事件をきっかけに動き始め、それが神隠しの物語として立ち上がってきていたのかもしれない。

河合(一九八二)が日本の昔話の分析から、異界へと「消え去る女性」に「あわれ」の感情を見出したように、「消え去る女性」は彼にとっての切実なイメージだったのだろう。異界へとすっと移動して目前から消えていくという女性イメージが彼にとってはもっとも重要だったため、惨殺であるとか猟奇的であるなどという付加物は無用のものとして削除されているようだった。このように情報の集中砲火を浴びていても、それとはまったく関係なく、自分のなかのイメージにあわせて現実認識を変え、自分にとって必要な物語を語らずにはいられない子もいたのである。

日常的な枠組では理解しがたい出来事が起きたとき、それを異界につながる物語として生成し、共同体のなかに居る信頼できる相手に語ることで落としどころを見つけようとする試みは、現代の子どものこころのなかでもこのように密やかに動いている。そこでは、異界のイメージと、ごく日常的な固有名詞が矛盾なく同居しているのである。そのあたりの物語の構造が『遠野物語』のあり方と似ているように感じられた。

では次に思春期の子どもとネットとの関わりの問題から、『遠野物語』のなかに書かれているものについて考えてみたい。

第二章で事例を紹介したときにも述べたが、生まれたときからネットが身近なデジタルネイティブの思春期や青年期のひとたちと会っていると、ネットのなかでの体験と実際のリアルな現実の体験との間に境界を感じていないひとが増えていると感じる。性別も年齢もすべて相手の自己申告を信じるしかないなかでつながっているネットでの友人と、学校での友人の比重をまったく同じと考えるひとたちがいる。会話によく出てくるラブラブの恋人が、実はネットでの恋人で、実際には会ったことも声を聞いたこともないなどということも当たり前にある。

現代の思春期では、まったくネットとリアルで境界がないひとと、ネットはネット、リアルはリアルで別ものだと考えているトラッドな感覚をもつひとの両方が存在している。そしてそれぞれの感じ方の違いから、さまざまな問題が生じていることもあるように思う。

ではネットに関わる事例から考えていこう。

ネット依存の裏側にあるもの——消え去る女性

高校生のＪくんは、夜遅くまでオンラインゲームをやめられず、朝まったく起きられなくなっていた。最初は遅刻をしてでも登校していたが、やがて登校の意欲をなくし、昼夜逆転の生活になって、起きているときにはずっとオンラインゲームばかりしているということで保護者が心配して、嫌がる彼を無理矢理、相談につれてきたのだった。

彼は中三のときからあるオンラインゲームを毎晩するようになっていた。そのゲーム内で知り合った可愛い女の子（といっても、可愛いキャラのアバターを使っているひとという意味だが）と知り合って、毎晩その子（以下、Kさん）とチャットをするようになった。その頃、彼は高校受験のための勉強も頑張っていて、その子とのチャットは何よりの気分転換だった。

Jくんはその後、志望校に無事合格して、それからも勉強の邪魔にならない程度にゲームをしていたが、ゲームを先に進めるというよりも、Kさんとのチャットばかりを楽しんでいた。でも、どんなにチャットに夢中になっていても、その頃の彼にとっては現実生活が一番であり、ネットの世界は自分にとって気晴らしのための場所であった。つまり、ネットはリアルを支えるためのものだったのだ。

やがて秋になった。文化祭で同じ係をしたことをきっかけに、同級生の女子からJくんは告白をされた。そして彼は「別に嫌いじゃないから」ということでその子とつきあうことにしたのだった。彼は特別な感情のようなものは特にその女子にはなかったけれど、そう言ってくれるのであれば別にかまわないかなというような感覚のなかで、流れに身を任せてみたという感じだった。

それくらいの気持ちだったので、彼はそのことを、「そう言えば……」という程度の軽い雑談として、ネットのチャットでそのKさんに報告をしたのだった。

彼が「学校の女子にコクられたので付き合うことになった」ということを伝えたところ、「そう。おめでとう」という言葉とともに、突然、画面からKさんのアバターが消えてしまった。彼は何かのバグがあったのかと何度も再起動をしたり、彼女のほうのバグだろうかと復帰を待ったり、ゲーム内のフィールドをあちこち探したりしたのだが、Kさんのアバターはどこにもおらず、それ以降、一切、姿を消してしまったのである。

彼が夜も眠らずにゲームにはまりだしたのは、それからだった。自分の言葉によってKさんを失うことになってしまった喪失感と後悔が、彼をネットに縛りつけ、違うアバターでどこかにいるかもしれない彼女を探させることになったのである。その結果、彼は登校がどんどんできなくなっていった。もうKさんを探すことも諦めた頃には、高校に戻る気もなくなり、最終的に高校を中退してひきこもる生活を送ることになっていたのだった。

惨殺事件を神隠しだと語っていた中学生男子もそうだが、思春期の男子にとって「消え去る女性」のイメージが何かのきっかけでこころの深いところで動くと、自分でもわけが分からないなかで強烈に揺さぶられて、どうかすると現実生活に大きな影響が出てくることもあるのだと感じる。男性の思春期センサーが「消え去る女性」イメージを感知したときには、多分、年齢問わず、こういうことが起こるのだと思う。

ちなみに、この一連の出来事について彼が言葉にできるようになるまでには、かなりの時間(半年以上)が必要だった。このことが語られるまでは、なぜか朝、起きられなくなってしまったので登校ができなくなった、何もやる気が起きないということしか語られなかったのである(あとは、一緒に毎回、将棋をしていた)。そしてこのネットでの出来事が自分にとってこれほどの大きな意味をもっていたのかということも、面接室で語るまで、彼自身も気づいていなかったのである。そして、彼はこの話を語り終えたあと、ずっと静かに涙を流していた。

彼が学校というリアルで彼女ができたことをKさんに告げた瞬間は、ネットとリアルが初めて交差した瞬間だったと言える。そしてそれは、そこに境界ができた瞬間でもあったのだろう。

実際に会ったことも、今後会う可能性もほぼないネットでの関係は、そのままリアル（現実）とネットという仮想世界で並行して継続していくものだと彼は思っていた。その感覚はある意味、常識的な感覚だと言えるだろう。

ところが、この出来事をきっかけに、このバランスがガラッと崩れてしまった。もちろん、学校に行けなくなったのには他の理由もいろいろとあって、これはそのきっかけのひとつに過ぎないのかもしれない。しかし、このことを思い出して語る彼の様子からは、この出来事がどれほど彼にとって大きなことだったのかが伝わってきた。

ネットとリアルをつなぐ物語

『遠野物語』の第三話（柳田　一九五五）にこのような話がある（筆者が意訳した）。

山に入った佐々木嘉兵衛が、遠くの岩の上にいた美しい女性を見つけた。そして見つけた瞬間に撃ち殺した。そのしるしにとその女性の髪を少し切り取って山を降りようとしたところ、耐えがたい眠気に襲われた。夢と現の境目のようなときに、山男が出てきてその髪を奪って立ち去ったところで目が覚めた。

という、出会ったとたんに理由もなく殺される女性の話だ。その女性が怪しかったからとか、そういう理由も一切、書かれていない。とにかく、男性（佐々木嘉兵衛という実名まで記してある）はもの怖じしない男だからという理由にもならない理由で、女性を見つけた瞬間に撃ち殺しているのだ。そしてその後、耐えがたい眠気に襲われて寝てしまう。そして夢と現の間で、その女性を撃ち殺した証拠になっていた彼女の髪を山男のような存在に奪われたため、何の痕跡も残っていない。そのためその女性が居たことも、その女性を撃ったことも、事実なのかどうなのかまったくわからなくなっている。それは全部、現実には起こっていなかった、ただの夢だったんじゃないかと言われてしまえば、その通りである。

しかしこのような話が『遠野物語』のなかに記されて一〇〇年以上という時間のなかで残り、読み続けられている。そのことによって、その岩の上で撃ち殺された女性は、彼女を撃った男性とその男性から話を聞いたひとびとによっていつまでも語り継がれていく永遠の女性になったとも考えられる。そしてこの話を共同体で共有し、語ることが、日常を生きていくうえでのある種のエネルギーをひとびとに供給することにもつながっているように感じる。

この第三話をもとにJくんについて考えると、彼にとっては、Kさんが消えたときの衝撃を自分の内に抱え続けてリアルを大事に生きることこそが必要なことだったと言えるだろう。しかし、彼にはそのとき、それができなかったのだ。

Jくんは、Kさんが自分に好意をもっている可能性など何も深く考えず、Kさんにリアルでつきあうひとができたことを伝えた。これはKさんにとっては、彼の言葉によって、いきなり撃たれたような体験だったのだろう。そして彼女は消えてしまった。

ネットのなかでのこの体験によってJくんは、リアルでの対人関係や感情も自分はさほど重視していなかったことを突きつけられることになった。なにせ彼は、リアルで告白された子に対しても「好き」だからつきあうのではなく、「別に嫌いじゃないから」という程度のぼんやりした意識しかもっていなかった。

それ自体が悪いということではない。ただ、Kさんが突然いなくなったことによって、今まで味わったことがない意識が生じたのは確かだろう。

Kさんがいなくなったことで、逆説的に彼はKさんという「他者」に初めて出会ったとも考えられる。この体験を喪失感として抱えて少しずつ内在化していくことができれば、誰とも口をろくにきかずに暗い様子で過ごす時期が長引くことにはなるだろうが、思春期での内的なプロセスとして何とかやり過ごすことができたのかもしれない。しかし、第三章で述べたような「解離っぽい」感覚が彼のなかにもあったのかもしれないが、彼はネットの世界に失われたKさんを探し続けるという、喪失感を解離して、ただただ作業のような探索に必死になるというプロセスをたどっていったと言えるだろう。

ところが、この一連のエピソードを面接室で語り終えた後から、彼は数年間、耽溺していたネットの世界から徐々に距離を置くようになったのである。それは自覚的にそうしようと決意したからではなく、ネットにつながると強烈な眠気に襲われて、どんなにしたくても長時間、向かうことができなくなったのだという。この強烈な眠気の話を彼から聞いたので、『遠野物語』の第三話のことが思われたのである。

喪失感を自分のなかに生まれた深い感情として抱えるようになった彼は、その感情を伴ったままでは、ネットにつながることができなくなったのかもしれない。今まで感情を解離していたからこそ、長時間アクセスすることができていたのだろう。

それにしても、このKさんとの出来事を面接室というリアルの場で「物語る」ことによって彼にこのような変化が見られたことは、実に興味深い。やはりネット(仮想現実)とリアル(日常)をつなぐ「物語を語る」ことは、変化を促す力になると実感する。

彼の睡魔と『遠野物語』の第三話における眠りとの符合から考えると、眠りもまた夢と現の境界にある。それを通過することによって、彼はKさんの痕跡をそれ以上求めずに、その瞬間の体験を胸に納めて、里に降りる(リアルに比重を置く)ことが可能になっていくのだろう。

思春期と喪失

『フッーの子の思春期』では、漫画『ヒカルの碁』から、思春期の「異能感」と「異質感」について詳しく考察したが、ここでは、このJくんの体験と重なる部分を少し紹介しよう。

この『ヒカルの碁』には、天才棋士の幽霊である佐為《さい》に憑依されたことによってバディになり、囲碁の世界で「異能」とも言うべき力を発揮していた主人公ヒカルが、その佐為を突然、失うというエピソードがある(佐為は自分の役目が終わったと知って成仏したのだ)。

佐為がいたらありがたいし、自分の囲碁生活を充実させるためには必要だけど、自分で、いくらでもやっていけると思っていたときに突然、佐為の憑依がなくなったのである。佐為の存在を感知できなくなったヒカルは、あまりの喪失感に囲碁を打つことができなくなった。佐為のゆかりの土地をあちこち探し歩くなど、現実レベルで見ると何をしているのかわからない行動にも走らざるを得ない。そしてまったく何のやる気もなくしてプロ棋士としても休止し、周囲のひとたちから心配されている。

この状況は、JくんがKさんをネットのなかで探しまくり、日常生活を棒に振っていた時期の様子と重なる。

ヒカルのもとから佐為が消え去ったのも、JくんがKさんを失ったのも、一五歳のときだった。この後、ヒカルは自分の打つ碁のなかにこそ、佐為の存在を感じ続けることができると知り、どこまでも囲碁の世界で高みを目指そうと決意する。

思春期に喪失感に襲われることは大きなダメージになり、一時はヒカルのように現実適応が困難になるほどの危機に襲われたりもする。そしてそれは、現実の重大な出来事として、周囲に理解してもらうことが難しい場合もある。ヒカルが佐為を失ったことの重大さなど、誰にもわからない(佐為はヒカルにしか見えないし、ヒカルの意識のなかにしかいなかったから、わかるわけがない)。ネットとリアルが接点をもった瞬間に生じた「他者」との出会いと喪失の体験のあまりの衝撃に、Jくんが日常をふつうに送れなくなるほどの思春期の危機に襲われていたことにしても、「この程度の些細なこと」の、どこが重大事なんだと、ピンとこないひとも多いだろう。でも、思春期のよくわからない不調の裏側には、こういうことも間違いなく、あるのだ。

そしてそこからの回復には、喪失感をしっかりと受け止めることが必要になってくるのだが、Jくんは喪失感に向かい合うことを避けるために、ずっとネットのなかにKさんを探し続けていた。『ヒカルの碁』でも、有意義なことをヒカルが何もできなくなる様子が一巻分、まるまる描かれていた

（それが名作たる所以だと思う）。

Ｊくんも途中からは、何のためにこんなことをしているのか分からなくなっていたとも言っていた。喪失感を解離してしまうと、それは意味のある行動ではなく、不毛な作業のループとなり、そこから抜けることが難しくなっていたのだろう。

Ｊくんがこのｋさんとの話を語り、静かに涙を流していたとき、解離していた喪失感が、ヒタヒタと彼のこころに満ちてくる感覚が伝わってきた。この喪失感を抱えることは、こころのエネルギーを使うことでもあるが、それなしには、現実的で素朴な努力を積み重ねていくような、この世での実感をもった生き方はできないのだと思う。Ｊくんの、かなしみをしっかりと引き受けたあのときの涙と、その後、彼が現実でとても踏ん張っている様子から、そう感じている。

6章　外からの力で生まれる物語

中間的なエレメント

あまりにこころに響いたので、いろいろなところで紹介しているのだが、小林秀雄が製薬会社の人から教えてもらった話だといって、薬のことを話している講演がある(YouTubeで聞くことができる)。それはこういう話だった。

薬というものはもともと、植物から抽出された成分を元にして作っている。お腹の薬として用いられていた人参の成分を調べると、下痢を止めるエレメント(要素)と、通じをよくするエレメントの両極がはっきりと出てくるらしい。現代の薬というのは、その両極のエレメントを抽出し、その成分を精製してそれぞれ下痢止めと下剤として製薬しているのだという。しかし下痢をしているときには、すぐに止めずに下してしまったほうが身体の回復にはいい場合もある。昔はそういうときに人参を投与し、下痢を止めるほうのエレメントを選択するのか、より通じをよくしていくエレメントを選択するのかは、その当人の身体に任せたのだという。そしてその当人の身体に、どちらのエレメントを選んだらいいのかということを選択させる何らかのエレメントは、現代の薬を作るときには役に立たないものとして捨てられてしまった中間的な部分に含まれているのではないかという話だった。

何らかの存在の意味はあるけれど両極のエレメントの間にあって、その働きがはっきりしないもの。

そして合理的に考えると、無駄なものとして切り捨てられてしまうもの。でも、両極のエレメントをつなぐ重要な役割を果たしているもの……。

この中間的なエレメントのあり方は、クライエントが自分自身を生きるために、クライエントが自分を知るプロセスをともに時間をかけて会っていくということを中心に置いている臨床のスタンスや、物語ることをベースとした臨床とつながるのではないだろうか。

エビデンスからこぼれ落ちるもの

最近は、悩みや症状に対して方向性をはっきり定めて働きかける心理療法の成果が話題になることが多い。先ほどの薬の話のように、心理的なパターンのなかから効果的なエレメントを抽出して働きかけてそれがはまると、見事に効果が出ることがある。エビデンスというのは、このように抽出されたエレメントと、その効果の関係を示すものなのだと思う。その効果的なエレメントに対しての知識をもつことは大切なことであるし、それなくして日々の臨床は成り立たない。ましてコンサルテーションで他の専門家と情報共有を行うときなどは、クライエントの状況をどう理解しているのかという見立てについて、共有しやすいエレメントの内容を用いてロジカルに示すことはどうしても必要になる。

しかし、表に出ている問題を解消していくように働きかけをしながらも、このクライエントのこころや身体は、本当に速やかに症状や悩みをとる方を選ぼうとしているのだろうか、とふと考えてしまうことがある。症状を早くとり去りたいと訴えながら、効果的に症状に働きかけるとされている方法にはどうしても熱心に取り組めなかったりするときなどもあるからだ。また、入り組んだ複雑な背景があったりするときなどには、シンプルに症状だけをとることがとてつもなく難しいこともある。そして、この症状を抱えながら何か自分にとって必要な作業をこのクライエントはしようとしているのではないか、とよぎることもあるのだ。

早く解消することをひたすら目指すのがいいのか、じっくり取り組んだほうがいいものなのか。クライエント(の無意識)がどちらを選択するのか、そのために必要となる中間的エレメントのようなものを、大事に扱うことも必要になるのではないだろうか。そんなとき、そのひとの症状や問題が示す意味や、そのひと自身の全体性を取り戻すために出現してきているのかもしれない、という仮説が頭に浮かぶのである。しかしそれはエビデンスの文脈からはこぼれ落ちてしまうものだ。効率や経済性などが何よりも重視される現代では、そのような取り組みは無駄なものとして省かれやすいのもよくわかる。

主訴が語られるまで

では、事例を紹介しながら考えていこう。

登校しない日が増えてきているということで高校生のLさんが来談してきたのは、母親の希望によるものだった。

彼女は「何だか朝、もやっとして行きたくなくなるんですけど、よくわからないです」「行けるときは行けるんで別にいいかな…」と、特に登校できないことを悩んでいる様子もなかった。「もやっと」がどういう感じなのかと聞いても「んー……気持ちが悪い……？とか」というくらいで、その気持ち悪さが身体的なものなのか、心理的なものなのかなどいろいろな角度から訊ねても、「うーん……どっちかなあ……よくわかりません……」と、明確化されることはなかった。進学を希望していたが、進級ができる範囲だから大丈夫と、登校がしにくいことに対しての葛藤なども語られないままに、部活に面白い先輩がいるとか、推しの声優がいるという話題(そういう話題になると観察力も鋭く、話もうまい)で面接は続いていった。

母からの情報では幼少期からの発達的な問題はないようだったが、ただどこか、表面の接点だけで世界と関わっていて、そこから体験に深めていくことをしていないような、自分自身の感覚や実感を伴っていないような印象が気になった。

そうして半年ほど経ったとき、「私って強迫神経症なんですか」と唐突にLさんが聞いてきた。どういうことなのかと訊ねると、「友だちと一緒に買い物に行ったとき、何度か手を洗いたくなってトイレに行ったら、強迫神経症じゃないのって言われたので」とのこと。その買い物のときに、知らない男のひとに何度か見られ(たような気がし)て、そのつどトイレに手を洗いに行ったのだという。詳しく聞いていくと、知らない男のひとの視線を感じると、気持ち悪くなって手を洗うこと、朝起きたときにそのことを思い出してしまうと、もやっとするので、手を洗うこと。でも、朝思い出して、もやっとしたときには手を洗ってもよくならないことが多く、そういうときには学校を休むことなどを語り始めた。そしてこのような傾向は中学の頃からあったらしい。面接開始後、半年経ってやっと「もやっと」の内容が言語化されたのだ。

このように自分の症状について、それを主訴として語るまでに時間がかかるひとは彼女以外にも多い。それは「治療者との人間関係ができたから、やっと言いにくかった主訴について言うことができた」というような文脈ではないこともけっこうある（Lさんもそうだった）。自分にとって当たり前のことをしているのを、おかしい（病的だ、非常識だなど）と指摘してくるひとがいたけど、どうなんですか、というような調子で語られるのだ。あれこれ日常に齟齬が出ているのは確かでも、自分にとって自我親和的というか、自分の意識にとって自然な流れでしている行為は、その行為を目撃した他者からその異様さを指摘されるまで、まったく意識できないこともある。

症状の意味

Lさんは、他者から（特に男性から）の視線を感じたときに「気持ち悪さ」が湧き、その不快な感覚への対処方法として手洗いをしていた。そしてその対処方法がうまくいかないときには（それは朝などに思い出してイメージのなかでその感覚が再生されたときが多いようだ）、登校しないという方法で対処していた。そのような平衡状態を保っていたところに、他者（友人）からの「突然、意味なく手を洗いに行くのがヘン」という指摘を受けることで、自我親和的だった行為に意識の切れ目が入り、初めてそのプロセスが「症状」という意味をもって立ち上がってきたのだろう。強迫神経症という症状についての知識はあったと言っていたが、知識があることと、それを自分のこととして認識することは、これほどに遠い。

そしてLさんには、男性の侵入という思春期のテーマが動いているようだが、それは自分がよく知らない相手からの視線を感じた瞬間に限られる。彼女は登校できたときにはクラスや部活などで男子とも快活に交流しており、それは侵入とは感じられないからか、気持ち悪さは起こらない状況が続いていた。

ところがある日、オープンキャンパスに行った先でチラシを受け取ったとき、男子学生からヘンな目で見られたと感じたことで、そのときに着ていた服だけでなく、カバンも靴も洗わずにはいられなくなった。そこからは、堰を切ったように症状が重くなっていった。店舗などで、たまたまトイレの前を通ったときにそこから出てきた男性とすれ違うと、馬鹿らしいと思っても、それだけで穢れたと感じて服やカバンだけでなく、財布も、お金すら洗わねば気が済まない。洗えないものは、もう捨てるしかない。その頃から、面接の話題はすべて強迫症状のことになっていった。

毎回、毎回、「この前は、コンビニで自分のことをじっと見てきた男性がいたから、そのときに買ったパンは汚れてしまったから捨てた」「本屋で私の後ろにいた男のひとが覗き込んできたから、その本屋にはもう行けない」と症状の話題が続くようになった。そして「お母さんは、考え方の癖をなおせばいいっていうけど、どうしてわかってくれないのかと思う」と憤る一方で、彼女自身、膨大な洗濯の時間や手洗いなどの労力に疲れ果て、「何とかしたいけれど、何ともならない…」と嘆いていたのだった。

両親の意向もあって、彼女は面接と並行して精神科で投薬と認知行動療法を受けることになった。最初の頃、彼女は熱心に認知行動療法に取り組み、その様子を詳しく報告してくれていた。それで少し楽になってきたと喜んでいたのに、「何かが違う気がする。理屈はわかるんだけど、やっぱり無理」

と言い出した。何がどう違うと思うのかと問うても、彼女は「わからない」「でも、違うし、無理」としか言葉にできない。両親は、症状に働きかけることができる効果的な治療を嫌がる娘に困り果てていた。

彼女の「気持ち悪さ」は、他者からの視線を感じたその接点に生じている。そしてそれは「気持ち悪さ」という違和感の形をとって立ち上がってきているが、これこそがLさんが「自分」を感じる瞬間なのかもしれない。しかし、彼女はそれと同時に、その「自分」に違和感を覚える。そしてその違和感が立ち上がったしるしのように、手洗いを必要としたのかもしれない。もしくは「気持ち悪さ」というネガを通じてであるが、そこから感じた「自分」を一瞬のものとして終わらせないために強迫症状が出てきているのかもしれない。これが彼女の「自我体験」の気配のようなものなのかもしれないなと思っていた。

そのような「かもしれない」を重ねるような仮説でしか考えられないのだが、そう考えていくと、彼女自身が思春期に新たな自分を発見し、大人としての自分を構築していくプロセスとして重要なため、この症状はすぐに消し去ってしまってはいけないものなのだろう。その症状を速やかに消失させるための働きかけは彼女にとってせっかく生じた自分を消し去ることにもなるので、「何かが違うし、「無理」と感じられるものだったとすると、少し納得できる。

しかしそれは大きな負担を自分の生活全般に強いるものであり、現実的なレベルで考えると、とても大変なことだった。

暴力の侵入とリアリティ

症状に変化もないままに、外から帰ると着るものや持ちものを全部洗うか、捨ててしまうしかないような状態が二年ほど続いた。高校を卒業して入学した大学を一年ダブってやっと最終学年に達したある日、大きな変化が訪れる出来事があった。

その日、Lさんはネットで自分の買いたかったもの（美容グッズ）を購入した。そしていつものように次々に紹介されてくるお勧め商品のバナーをクリックして、どんどん新しいウィンドウを開いていた。そのとき、画面に妙に小さい写真が出てきたので、それをクリックして拡大してみた。すると、そこにあったのは、少女の惨殺死体の画像だったのである。なぜ、美容グッズのお勧め商品のつながりで、こんな残酷な画像が出てくるのかさっぱりわからなかった。でも彼女はその画像から目が離せなくなった。周囲に男性がいて、血だらけの少女を覗き込んでいる。どこの国なのだろう。それもわからない。でも、目が離せなかった。

その次に彼女が思ったのは、「さっき買った品物は、この画像を見たから、汚染されてしまった。もうあの品物は送ってきたとしても、家に入れられない」ということだった。ところがその次の瞬間、「ああ……。この穢れとか汚染とかいうことは、私が勝手に脳内で作り上げていることで、実際、穢れたり汚染されたりするわけじゃないんだ」という感覚が自分のなかからこみ上げるように湧いてきたというのである。「全部、自分が自分のなかで作っていたんだ」ということが分かったとき、「なぜかものすごく、嬉しいというか、自分が作っていたっていうことが、バカみたいなんだけど、でも自分だったんだと思ったら、すごくすっきりというか、はっきりした」というのである。

そして、その感覚をどう話していいかわからないけれど、何かふわふわとした自由な気持ちを抱えたままでリビングに降りていったところ、母がひとりでテレビを見ていた。テレビは、戦争もののドラマを放映していた。しばらくそれを二人で眺めていたが、急に母が「実はお母さん、小さい頃に誰もいないときに隣の家が火事になってね」と、今まで聞いたこともない話を急に語り始めたのだ。自分の家に火が燃え移り、全焼するなかで、男のひとたちが大声で叫んでいたこと、両親が留守だったためどうしていいのか分からないままに、みんなに怒鳴られて本当に怖かったこと、そして、妹（Lさんにとっての叔母）が背中に大火傷を負ってそのときに亡くなったことなどが語られたのである。

なぜ、そのとき、急に母がそんな過去の話をし始めたのかまったくわからなかったが、彼女は「母は大変な想いをしてたんだなって、なんだかしみじみしちゃって、そっかーって、すごく、思った」と感情を込めて言っていた。

そしてその日を境に、男性の視線や気配で「気持ち悪さ」が立ち上がることがなくなり、あれほど強力だった強迫症状も劇的に薄れていったのである。

インターフェイスに生まれる「物語」

Lさんのこの症状の消失をいったいどう考えたらいいのだろう。

デジタルなネットでの深まりのない並行した自由連想である横軸でのリンクで、Lさんは偶然、少女の惨殺画像と出会うことになった。そしてその強い侵入のインパクトとともに、彼女は突然、「自分」を感じることになったのだ。それは、外からの侵入によって穢されたと感じた瞬間に立ち上がっていた「自分」とはまったく違ったものだった。

強迫症状は自分が脳内で勝手に作っていたものだったとわかった瞬間に立ち上がった「自分」との出会いは、彼女にとって「嬉しい」という表現がしたくなるほどのものだったのだ。これは、Iさんの Google マップの俯瞰体験のときに感じたものと近い「自我体験」だったと言えるだろう。

そして、彼女がその「自分」の目覚めの感覚にぼうっとしているときに、母が長年抱えてきた妹の焼死にまつわる深い傷という、母の生きてきた歴史的な時間の縦軸のなかに位置する重要な出来事を語ったのである。

彼女が見た少女の惨殺画像と母の妹の焼死という傷ましい二人の少女の物語が、横軸と縦軸で接点をもった。その瞬間に、この母娘の間に、痛みと悼みを共有する物語が立ち上がったのかもしれない。そして、その接点に生まれたエネルギーによって、強迫症状という形での結ぼれが解けて、症状の解消へと向かっていったと考えてみてはどうだろうか。

最初に高校生の彼女と会ったとき、彼女はまだ自分を語ることが難しい世界にたゆたっていた。主訴を語ることもなく、ただ目についている日常の事実と、そのときの瞬間的な感情だけを語るような面接がずっと続いていたのだ。そのなかで、どんどん症状は重くなっていったのだが、そうすると次は、症状の話題のみが繰り返されるようになる。厳しい症状という「主訴」のみが、今度は面接の場を支配するようになったのである。そのようななかで、他のアプローチと並行した時期がありながらも、彼女はずっと面接に来続けていた。

何か意味をもつことを語ることがない時期を支えるという時間が心理療法のほとんどを占めていて、

その挙げ句に、まったくの偶然のような形でいきなり暴力的なエピソードをもつ物語が出現したのである。

自分自身で自分の物語を見出すという王道の心理療法のプロセスとは違うが、このように「外」から来る力（しかも彼女の場合、ネットを経由して）で突発的に今までバラバラになっていた断片をひとつに紡ぎ直すような物語が現実とつながって出現して、それをきっかけに症状に変化が訪れるということもあるのである。

思春期センサーがとらえた夢

このLさんととても似たような感じで、強迫症状があったMさんという高校生がいた。彼女も男性の視線から気持ち悪さを感じたときに、手洗いをしていたのだった。はっきりした症状まで行かなくても、このような感覚を思春期に一過性のものとしてもつひとはけっこういるように思う。

そのMさんも、最初は推しの話などをしていたが、やがてその話もしなくなり、何か別の話をしたいけれど、なぜか言葉にできないような雰囲気の回が多くなってきていた。そのため、何か非言語的なアプローチで表現ができたらと描画や箱庭などに誘ってみたが、「あー……ちょっと、いいです」と、何にも取り組む気持ちにはなれないようだった。

それからかなり面接の回数を重ねたある日、「なんか、どう言ったらいいのかわからないけど、不思議なことがあって」と彼女は夢にまつわる体験を報告してきた。それはこういうことだった。

夜、自分の部屋で寝ているときに、ふと、ベッドのマットレスの下に死体を隠していることを思い出した。マットレスの間に手を入れると手に血がついた。やっぱり死体があると思った。もしかしたらそれは自分の死体なのかもしれないとも思う。わけがわからない。手についた血を洗わなくてはと思うのに金縛りのように身体が動かない。窓から空が見える。三日月が出ている。そうしたら三日月が三日月の形のままどんどん大きくなって、巨大な三日月になっていく。びっくりして目が覚めた瞬間、金縛りがとれた。外を見るとすごく大きくなった三日月が空いっぱいになっていた。そのとき、三日月と目が合った。三日月と目が合うなんてとびっくりして目が覚めた。

夢のなかで夢を見ていたみたいで、どこまでが夢でどこからが現実なのかわからなかった。窓のカーテンを開けると月が見えた。満月だった。これは現実だった。

このような入れ子構造になっているうえに、死体を隠すわ、手に血がつくわというような暴力性を感じさせられる「夢の夢」の話だった。自分が殺した自分自身なのかもしれない死体の上に、自分が重なるようにして寝ている。生きている自分(でも金縛りで動けない)と死んでいる自分がそこに同時にいるような妙な感覚もあったらしい。そして三日月が三日月の形のまま巨大になるのもびっくりだったけれど、何より驚いたのは、三日月に目があるはずないのに、目が合ったと分かったことだったと、感慨深げにMさんは語っていた。

他者からの視線を感じることによって気持ち悪さや違和感が生じていた彼女にとって、「目が合う」

というのは、視線を侵入として感じるのではなく、通じ合ったという感覚が生じたとも言えるだろう。しかも通じ合ったのは巨大な三日月だ。そしてはっきりと目が覚めたあとで見た現実の月は満月だ。彼女は「現実では、三日月が育つと満月になるんだって思った。考えてみたら当たり前のことだけど」と言っていた。彼女にとってこの夢の体験は、強迫症状という形で襲ってきていた思春期の危機を越えていくために、彼女の思春期のセンサーがとらえた重要なイメージだったと思う。

Mさんは夢のなかで「自分が殺した自分の死体」と「意識はあるけれど金縛りの自分」を感じることになった。それは、外からの視線の侵入によって穢されたと感じた瞬間に立ち上がっていた「自分」と、それを意識したことによって表現も何もできなくなり動けなくなっている今の「自分」を重層的に感じているということなのかもしれない。

どこに目がついているのかわからない三日月は、現実生活のなかでは不躾な男性の視線というイメージになって、彼女に侵入してきていたのかもしれない。その三日月と目が合ったということは、侵入を本格的に受け入れたということにもなる。そして三日月がそのままの形で巨大になるというのは、子どもの意識のままで大人の女性になるような不自然な印象も同時にある。このようにこの月のイメージからは、多層的な読みができるように感じていた。

そして目が覚めたときに、現実の夜空に彼女は満月を見て、感動している。このように夢のイメージと現実との交錯があったことから、不自然な巨大三日月になるという膨張ではなく、満月という成熟へという内的な変化が現実のものとなる可能性もあると考えられた。

実際、この夢の後から、彼女は、徐々に男性の視線を気にすることがなくなり、それとともに強迫症状も薄らいでいき、やがて消失したのである。この経過からは、彼女の強迫症状は、思春期を越えていくための死と再生のプロセスを象徴的に行うために出現していたのかもと考えたくなってくる。

このように中間的エレメントの内容として臨床で実際に起こったことを考察しようとすると、まったくクリアカットにはいかず、「かもしれない」とか、「思う」とかいうようなはっきりしない仮説の言葉を重ねるしかない。そしていずれの事例も、なんらかの変化が訪れるまでにかなりの年月が必要になってきており、効率や経済性からはどこまでも遠いし、何をしたからこうなったというエビデンスも示せない。

しかしエビデンスからこぼれ落ちてしまっているケースと出会うことも多いなか、このような中間的エレメントの存在を抱えていく臨床を必要としているひとたちも存在しているのを感じるのである。

そして、こういう臨床からは、何らかの「暴力性」が入ることによって「自我体験」が生まれ、そこから変化が生まれるプロセスがあることを実感する。これが面接という守られた枠組のなかでイメージや夢として体験されるから、ギリギリ破壊的にはならないのだけれど、これが現実のなかで起こると、それはとんでもない事件に巻き込まれるようなことになってしまうのではないかと思う。

ひとが変化するときには、今までの状態を破壊する「暴力」がどうしても入ってくるので、こういうことが起こりうるのだと感じる。

変化のなかの暴力性 ――村上春樹の作品から

ここで、少しこの暴力性について村上春樹の作品から考えてみたい。村上作品では、個人や世界の変容と日常性を越えた暴力(や、その記憶)との関係が描かれているものが多い。これについては拙著『思春期をめぐる冒険』で詳しく述べたので、関心をもたれた方はそちらを読んでいただけたらと思う。今回は、このMさんのことを考えるうえでの「暴力性」の意味を紹介したい。

『スプートニクの恋人』のなかで、主人公「ぼく」が物語を書こうとしているすみれにこのような話をしている(その会話の内容を要約した)。

昔の中国では、古戦場に散らばっている白骨を集め、それらを塗り込んで大きな門を作った。慰霊をすることによって死んだ兵士が町を守ってくれるように望んだからである。そして門ができあがると、生きている犬の喉を短剣で切り、その温かい血を門にかけたのである。それは、ひからびた骨と新しい血が混じり合い、そこで初めて古い魂は呪術的な力を身につけることになると考えられていたからである。

「ぼく」はこの話をすみれに伝え、「物語というのはある意味では、この世のものではないんだ。本当の物語にはこっち側とあっち側を結びつけるための、呪術的な洗礼が必要とされる」と言う。これはどんなにすばらしいエピソードをつないでストーリーを組み立てたとしても、それがあちらとこちらを結びつける力をもっていなければ、本当の物語として成立することはないということだ。本当の物語は、この中国の城壁の門のように、そこに生きるひとびとを守る力をもつのだけれど、その成立のためには何らかの犠牲が求められるということを示していると言えるのだろう。

この、生きるひとびとを守る力になるという本当の物語の生成についての話からは、心理療法の場面で語られるエピソードや出来事などが、治癒力をもつものに変化していくときのことが想われる。Iさんの事例では、むき出しの感覚器のイメージや胴体のない身体がバラバラになっていたりする夢や、長引く深刻な体調不良などという、ある種の暴力に見舞われていた。Mさんには、自分が殺した自分の死体を感じるという衝撃的な夢が訪れていた。呪術的な洗礼を終えた城壁の門が、あちら側とこちら側を結びつける門となって生きるひとびとを守る力になるためには、生きている犬の喉を切ってその血をかけるという呪術的で暴力的なイメージが必要になったように、彼女たちも自分の血を流していたのだと思う。

7章　私も知らない「私」の「秘密」

秘密と嘘

誰とどんな「秘密」を共有するのかによって人間関係が濃くも薄くもなるということに気づくのは、思春期のこころの特性である思春期心性が動き始めた証拠である。

小学校三年生あたりから（女子はもっと早いこともあるが）「ゼッタイ秘密だよ」「誰にも言わないでね」という言葉が頻繁に友人関係のなかで使われるようになる。思春期心性が動き始めると、「秘密」は、他の誰かとの関係を深めるために共有したくなるのだ。「秘密」は誰にも言わないからこそ「秘密」なのだが、同時に、誰かと共有したくてたまらなくなるという魔力をもっている。

また、あなただけに話すと言われた「秘密」を、そのひとが他のひとにも話していたことを知ったときにショックを受けるナイーブさというのは、（年齢がどんなに大人でも）思春期心性そのものだ。

何もかも見たままで、考えていることが丸わかりというのは、子どもの無邪気さを愛でるときによく大人が思うことだが、思春期に自分自身の核ができてくることと自分だけの「秘密」が生じることは、ほぼ同時に起こってくる。そしてそれは何か具体的な出来事を「秘密」にするだけでなく、自分の「感じ方や考え方」を「秘密」にするということも起こってくる。そうすると、「感じ方や考え方」を隠すための「嘘」もつかねばならなくなる。なかには、自分の感じ方を隠すために、大人が期待する「考えていることが丸わかり」の子どもを演じている場合もある。

その一方で、友人や好きになったひとなどに対して、お互いに親しい関係ならば、一切、隠しごとなどなく、相手のすべてを知っておきたいという気持ちが動くのも思春期心性のなせるワザだ。「親しき仲にも礼儀あり」というのは、「親しき仲にも秘密あり」ということをしっかりと理解することでもあるだろう。しかし現代ではSNSをしている限り、ネットのなかで発信しているものを追えば、相手のことをある程度知ることが可能になってしまう。そのため、膨大な時間を秘密の検索に費やして消耗しているひとは多い。

また、さまざまなアカウントを使い分けることができるので、どのアカウントを誰に知らせるのかということで、関係性の濃さや種類がデジタルにわかってしまうという残酷さもある。そして、スマホのなかはそのひとの「秘密」の宝庫になっているとも言えるので、関心があるひとのスマホの内容を知りたくてたまらなくなる誘惑との闘いもある。現代の「秘密」と「嘘」をめぐるさまざまな事情は、思春期まっただなかのひとたちだけでなく、年齢はいくつであっても思春期心性を刺激する素材に満ちていると言えるだろう。

この章では、思春期心性のなかに普遍的に存在しているトラッドな部分を掘り下げていきたい。表面的に見えている部分の奥にある、思春期の「秘密」について考えていこう。

「秘密」と人間関係

「朝、学校に行こうとしてもどうしても身体が動かないんです。なぜかはわからない……。仲のいいひとたちもいるし、行かなきゃと思っているのに、どうしてなのか自分でもまったくわからない」と、登校できなくなった中学二年のNさんは話しだした。Nさんは、きっと誰が見ても素直な「いい子」だと思うだろうな、というような雰囲気をもっている子だった。

先の章で紹介したひとたちと同じく、彼女も今、困っている状態についてひと通り話したあとは、特に自分について語ることはなく、家にいるときに見ている動画の話や、好きなアニメの話題などをすることが続いていた。

面接に来始めて数カ月経った頃だった。ふと思い出したかのように、ジグソーパズルのピースを手に取っては埋めながら、彼女はクラスでの出来事をポツポツと語り出した。それはこういう話だった。

Nさんは同じクラスの五人のグループに属していた。いつもみんなで楽しめる面白いアイディアを出すのはaさんだった。あるとき、たまたま四人でいるとき、「ねえ、先生の話がつまらなかったときとかさ、こうやって前髪をちょっと引っ張ったら、面白くないって合図ってことにしない?」とaさんが発案した。授業中の軽い息抜きにそういうことがあってもいいかもと、四人で盛り上がったのだ。そのときちょうど席を外していたbさんにはその合図のことを言うタイミングがなかったので、そのままになっていた。こういう言葉足らずがのちのちトラブルのもとになるのも、思春期にはよく起こる。

ある日bさんが、自分の所属している部活での出来事を話してきたことがあった。bさんにとってはとても重大なことだったので、とても熱を込めて話していたのだけれど、気持ちが入り過ぎているがゆえに、話がわかりにくかったことと、同じ部活のメンバーがグループ内には誰もいなかったこともあって、誰もそこまでの関心をもつことができなかった。

Nさんもこの話にどうリアクションをとっていいのかなと思っていたとき、aさんが前髪を引っ張り「つまらない」という合図をみんなに目配せしてきた。その瞬間、四人は弾かれたように笑い始め、「え?何?何?」と戸惑うbさんに、「(話が)つまらない」という意味だとは言いにくかったため、誰も何も説明をしなかった。そしてNさんも誰もその合図のことを伝えないままになった。そしてその後も、何かの折には、この合図をしてはbさん以外の四人でウケて笑うということが続いたのだった。

「秘密」の共有がその相手との関係を深めることになると知ると、いつメンだけにわかる暗号やサインを決めて、折りに触れてそれを使い、いつメン内での結束を固めようとするというのはよくあることだ。ところが、bさんがこのサインを知らなかったように、いつメン内で「秘密」を知っているひとと知らないひとという情報格差が生じることがある。そうすると、今回のように、もともとは意図していなかったとしても、笑っている意味がわからず戸惑うひとを見て、「秘密」を共有しているひとたち同士で自分たちの関係の深さを再確認するようなことも起こってくる。このようなことが、いつメンでのLINEグループがあるのに、ひとりだけを除いた別のLINEグループが作られるなど、デジタルな仲間はずれによって行われていることも実に多い。そしてどこかでそれが露わになり、そこで語られていた内容によっては、いじめ事案として表面に出てくるのである。

特に他者との関係性に何らかの複雑な課題を抱えているひとがメンバーのなかにいると(aさんは少しその傾向があるようだ)、このような情報格差を意図的に作ることもある。その背後には、ひとが困る様子を見ながら、関係が成立している安全地帯にいる自分を感じてほっとするという哀しい悪意と強い不安感がある。

排除をめぐる傷のありか

このグループで行われていたことは、「秘密」を知らされていなかったbさんからすると、親密な（と思っていた）いつメングループからの排除を感じ、孤独の沼に突き落とされるようなことだっただろう。

このような「秘密」の共有をめぐる悪意を含んだ関係性のコントロールは、男女問わず頻繁に起こっている。先にも述べたが、特に今は「秘密」の巣窟とも言えるSNSでのトラブルとしてしょっちゅう耳にする。しかも、今回のbさんの件にしても、表面だけ見ているといつメン外のひとや、まして大人には何がそこで起こっているのかわからないままになる。表面には傷が残らないようにしながら内臓をえぐるようなことが、「秘密」をめぐる思春期の人間関係では起こりうるとまず知っておくことは重要だろう。

排除される側になった子のなかには、ああ、また始まった、でも確認しても「嘘」でごまかされるのが分かっているからスルーしとこう……と強い痛みを感じながらも諦めている子もいる。しかし、仕方がないと諦めること自体が、こころに重い負担をかけ、のちのち人間不信のもとになって余計に苦しむことにもなる。そのためbさんのように「秘密」の共有から排除される側に立たされてしまった子どもは、ときにとても生きづらくなる。そのようなひとからの相談は、数多く受けてきた。

しかし今回の相談者は、排除された側のbさんではなく、理由も自分ではっきりしないままに登校できないNさんである。

彼女の話がそのまま本当だとすると（嘘や何かをごまかしている印象はまったくなかった）、Nさんはたまたま成り行きでbさんを排除する側に立つことになったということだろう。ただ積極的に排除もしていないけれど、「秘密」を伝えてbさんを情報格差から救うこともしなかったというのは確かだと思う。

この話題を初めてNさんが語ったときには、ただこういうことがあったという事実をぼそぼそと語るだけで、そのことに対してどう感じているとか、bさんに悪いと思ったとか、私が何とかしていたらよかったというような文脈の話題はまったく出てこなかったし、そのようなことを考えている気配もなかった。

親や先生からも太鼓判を押されるような優しくて思いやりのある「いい子」のNさんが、何らかの心理的な防衛があるのかもしれないが、この件では「いい子」的発想をまったくしていないところが重要なポイントかもしれないとも感じていた。

もしかしたら情報操作をaさんにされることで、いつ自分の知らない「秘密」がこのいつメン内で生じて、自分が排除される側になるのかわからないという緊張感に晒されていたから、登校しにくくなったのかな……とも考えながら聞いていたが、どうもそういうことでもなさそうだった。

このことについて話したあと、また数カ月は特にこの話題が出てくることもなく、いつメン全員から、LINEでよく連絡がきていることなどが語られていた。そうすると、やはりこのいつメン間で起こったbさんの排除にまつわるエトセトラは彼女にとって学校に行きにくくなる直接のきっかけになったと意識しているわけではないけれど、そのエピソードを語りたくなったというのには大事な意味がありそうだと思っていた。

箱庭表現の試行錯誤

ある回で彼女が来談してきたとき、たまたま他の相談室のドアが開いていたのだが、そこから箱庭のセットがあるのが見えたようだった。第二章でも紹介したように、箱庭というのは、内側を水色に塗ってあって砂が入っている木箱のなかに、さまざまなフィギュアを使って自由に表現をするものである。

彼女は何となく、いろいろなフィギュアが棚にたくさん並んでいるのを見て関心をもったようだったが、何か作りたいと思うことはないようだった。そしてアイドルや動画の話などをする面接がずっと続いていた。

そしてあるとき、新しく始まったアニメの話を途中までしたあとで、急に「あのときに見た、あの砂のやつがしてみたいです」と言ってきた。それではと、空いている箱庭の部屋に案内したところ、彼女はこのようなものを作ったのだ〈箱庭1〉。

彼女は砂を大胆に触って、ふたつの山を作った。こんなふうに最初から砂をガッと触れるひとはなかなかいない。Nさんが潜在的にもっているエネルギーをこのときに初めて感じた。そして彼女は、フィギュアの棚からふたつの灯台を選び、それぞれの山のてっぺんに差し込むようにして置いた。そ

箱庭 1(再現)

れをしばらく彼女は真剣な顔をしてじっと見ていた。その挙げ句に、「やっぱりなんか違う気がする……」と、灯台を棚に返し、砂もすべてまたならして元通りにしてしまった。

何となくイメージが湧いてきて、砂に触れたくなり、作ってはみたものの、何か彼女のなかの表現とはフィットしなかったんだなと思った。それにしても離れた島と島に灯台があるというのは、どういうことなのだろう。何か離れているところで、サインをお互いに送り合っているのだろうかと想像しながら見ていた。

その後、彼女は続けて箱庭を作ろうとすることもなく、ジグソーパズルをしながら家の様子を話すような面接が続いた。彼女は、年下のきょうだいの宿題を手伝ったり、学校からのプリントには目を通したりと、学校に行かないこと以外は本当に何の問題もなく過ごしていた。

家庭訪問をする教員とも普通に会うことができるので、別室登校や、フリースクールなども勧められていたが、「行くなら学校に行って、クラスに入りたい。友だちもいるので」と、まったく他の選択肢には気持ちが動かない様子だった。

その後、面接でも特に話題が広がることもなく、彼女自身も「あんまり何にも変わらないんですよね…」と、前回の面接が終わってから今回までの間のことが、現実ではほぼ変化がないので、何を話していいのか分からずに困っているような様子もあった。でも、彼女はキャンセルすることもなく、やってきてはボソボソとつぶやくように家での話をしながら、一緒にジグソーパズルをするという面接が続いていた。

そういうことがしばらく続いたあとで、久しぶりに彼女から「あの砂のやつがしてみたいです」と言ってきた。それで彼女が作ったのが〈箱庭2〉である。

前回と同じく、大胆に砂を触って、大きくふたつに分けた。分けた状態でそれをじいっと見ていた。これからどうするのかなと思っていると、フィギュアの棚から赤い橋をとって、ふたつの砂山をつないだのだ。

ところが、それをしばらく見た後、今回もまた、すぐにこの赤い橋をとってフィギュアの棚に返し、「やっぱなんか違うなあ……」と、山を崩して砂をならして箱庭の部屋から出て行って、もとの面接室へと自分から戻っていった。

その後も、面接では、ゲーム実況で面白いのを見つけたとか、スマホのやり過ぎを親に注意されているというような話題が続いていた。彼女が表現しようとしているものには、何かと何かをつないでいくというインターフェイスのテーマがありそうなのは感じられたが、そう簡単に表現できるものではなさそうだった。面接で語られる話題からは、その逡巡が感じ取れるようなものもなく、これはど

箱庭2(再現)

うも時間が必要なのだなと思いながら、彼女の日常での話題をずっと聞いていた。

前章で述べたような「中間的エレメント」とは、クライエント自身が何か自分にとって大事で必要な「何か」を模索する気配はあるけれど、それが本当に何かの意味あるものになるのか何なのか分からない状況が続く状態だと言えるだろう。この時間はとても大事な時間であるということは頭では理解していても、きっと外部から見ると「停滞している」とか「まったくよくならない」「意味のある働きかけをしていないのではないか」「これで治療と言えるのか」と見えるだろうなと思うし、他の誰よりも自分自身に対してその叱責というか、ツッコミを入れたくなる時期でもある。そして同時にそのような客観視は、とても必要だと思っている。正直に言うと、クライエントのほうがより、この感覚は強いと思うが、とてもしんどい時間でもある。

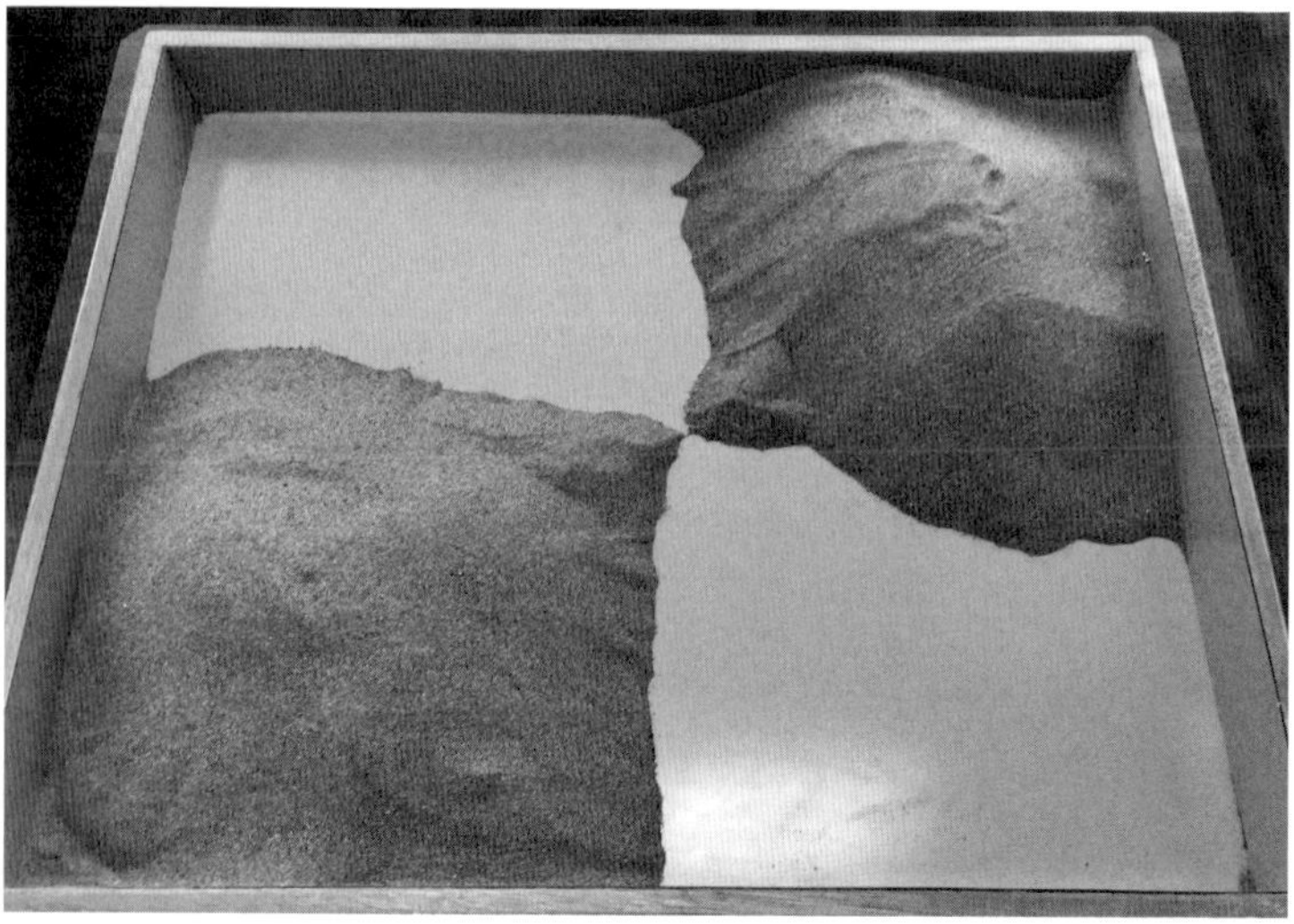

箱庭 3(再現)

触れそうで触れない距離

そしてまた数カ月経ったときに、話している途中で、「あ……今日はあの砂のをしてみたいです」と言って彼女は箱庭に向かった(〈箱庭3〉)。

「ここは、ひっついているか、ひっついてないか、ギリギリな感じで……つながったらダメで……でも、離れているのがパッと見てわかるようなのも違うんで……」と、ものすごく真剣に山と山とのつなぎ目の先端のところを指で丁寧に爪の先を使って砂の粒を取り除くようにして作っていた。そして「こんな感じ」「よくわかんないけど、なんか、こういうのがいいかな……って」とほほえんでいた。半島というわけでもないけれど、彼女にとっては、つながるのではなく、微妙に離れているけれど近い…というのが大事なんだなと思って見ていた。だから、

箱庭 4(再現)

灯台とか、橋とか、何らかのつながりを示すもののイメージが彼女のなかで動いていたんだな…と思った。でも、灯台という、離れていて光のサインでつながるあり方も、具体的にしっかりつながる橋も、どうも彼女のなかでフィットしなかったため、作ったものを自分で片付けたくなっていたのかもしれない。そして今回、初めて彼女はこの箱庭の砂をならしてしまわず、そのまま残していった。今回の表現が、彼女にとって、何らかの納得のできる表現に近づいたからなのかなと思って見ていた。

それからしばらくは、また日常的な話題だけが続く面接が続いていた。でも、何か彼女のなかで動きが生まれたときには、きっと箱庭か、そうでなくても何らかの表現をしてくれるのだろうと思いながら面接を続けるようになっていた。

そしてある面接の前日に、前もって「箱庭がしたいので、箱庭のある部屋の予約をしておいてほしい」という連絡があった。今回は、話の途中で急にというのではなく、何か表現したいというイメージが動いているのだなと思っていた。

そして作られたのが、〈箱庭4〉である。

彼女は、いつものように砂をふたつに分けていたが、その片方のスペースを大きくして、その上にさまざまな生きものを一定方向に丁寧に置いていった。どうやらその動物たちが右上にいる少女を目指している様子を表現しようとしているようだった。そして、何よりも印象的だったのが、ユニコーンと少女の足のところだった（〈箱庭4・拡大写真〉）。

箱庭4　拡大

このユニコーンの角の先と、少女の足は、触れそうで触れていない。〈箱庭3〉で砂の半島が接触しないように注意深く制作していたときのように、角と足がひっつかないように真剣に調整していた。

このユニコーンの角と少女の足の様子からは、思春期の性的な侵入のイメージがなんとなく動いているのも感じるが、侵入というよりも、接点があるかないかという、この先端部分を作るというのがNさんにとっては大事なことなのではないかと感じていた。

この箱庭を作り終わったとき、Nさんはとても大切なことを成し遂げたような満足げな表情をしていた。そして見ているこちらも、彼女がずっと表現したいと思っていたのはこういうものだったのかと、こころを強く動かされていた。

夢のなかの「秘密」

そこからまた数カ月経ったとき、Nさんはとても怖い夢を見たと報告してきた。初めての夢の報告だった。夜中にこの夢を見て目が覚めたので、枕元にあるスマホにメモをしてきたと、それを読みながら教えてくれた。

何かの組織に追われて森のなかの小屋に入った。すると入った瞬間に、そこで自分は昔、ひとを殺したことがあるという記憶が立ち上がってきた。ここで自分は命乞いをする親子を殺し、引き出しのなかに隠したのだった。なぜ引き出しのなかに死体を隠せたのかはわからないが、隠すことができた。血まみれの死体は、押し込んだあとはなぜか血がついたノート(?)になっていた。自分がその死体を隠したことを組織の人間は知っていて、そのことで自分を追ってきているのではないかと思った。証拠を消さねばと引き出しを開けたが、そこにはもう死体(ノート)がなく、どうやったらごまかせるのかとものすごく焦った。

このような夢だった。ここでもまた、LさんやMさんと同じく、暴力がテーマになっている。

「自分がひとを殺すとか、すごく怖かった。本気で組織につかまると思ってどうしようかと思った。引き出しのなかにノートになった死体がないんだったら、証拠もないから大丈夫じゃないかとか、起きてから考えてたけど、夢のなかではもう死体がなくなってること自体が、ごまかせないことになってるって設定で、めちゃくちゃ焦った」ということだった。

「よくわからない組織」に追われるとか、「森のなかに入る」などというところは、無意識からの要請が強くなる思春期心性が色濃く出ている夢だ。そして自分が殺される側ではなく、殺す側になっているというのは、Nさんの日頃のあり方からすると、まさにまったく思いもしない自分の発見だったことだろう。そして死体を引き出しに隠したとたんノートに変わったというのは、あまりに生々しい夢から少し距離を取るためには必要だったのかもしれない。彼女が殺したのが親子というのも、今までの子ども時代の親子関係からは変化が起こってきていることを示していそうだ。

そして何よりも注目したのは、死体(ノート)がなくなっていて自分が殺した証拠が隠滅したとほっとしたのではなく、「もう死体がなくなってること自体が、ごまかせないことになってるって設定」になっているというところだった。

血まみれの死体は無機質な血のついたノートに変わり、しかもそのノートすら消滅している。つまり自分が殺人者であるという証拠は、完全になくなっている。それなのに、そのことによって、逆説的に殺人をしたということが自分だけが知っている「秘密」になっているということなのだ。自分だけが知っている「秘密」は、もうごまかせないというところが、この夢のなかでのもっとも重要なメッセージなのではないかと思った。

「自分も知らなかった自分の秘密を知ったって感じだよね」とNさんに伝えると、真剣な顔で「ほんとにそう思う。すごくそれって怖いけど、何だか大事なことだって思う」と彼女はゆっくりと自分に言い聞かせるように何度か頷いた。

私も知らない「私」の「秘密」

自分のなかに、自分しか知らない自分がいる。それはこころのなかの中核の部分だろう。そしてこのNさんが夢のなかで見つけたものは、自分自身も知らなかった自分の「秘密」だった。

彼女はこのあと体調を崩し、しばらくの間、吹き出物が顔中に出たり、発熱が続いたりしていた。自分を変える力のある夢を思春期に見るというのは、誰にでも訪れることではないが、Nさんにとってあの夢はとても大きなものだったため、こころも身体も全部使って秘密を知った自分に変化していくことに耐えているようにも感じられた。前の章で紹介したLさんやMさんもそうだったが、こころで抱え切れない変化は、身体で引き受けることが多い。

彼女は、体調を崩している間、グループのひとたちとのLINEを見ることもなかった。殺人を犯し、しかもそれを必死でごまかそうとする自分がいるという「秘密」を自分の核に据えようとするということが、どれほどエネルギーを要することなのかが彼女の様子からは思われた。面接でも非常にしんどそうな様子で、やれやっと来談したものの、ほとんど言葉が出てこない回が続いていた。数カ月かかってやっと体調が整うと、顔の吹き出物も治まり、とてもスッキリとした柔らかな大人びた顔つきになっていた。

彼女は、「自分はいつもどこかで嘘をついていたのかもしれない」「何も起こらないことがいいことだと思っていて、何かが起こっても、それは起こってないことにしていたような気がする」と言葉にしたのである。その言葉の裏には、bさんに秘密の合図のことをちゃんと最初に教えてあげるべきだったという思いも含まれているように感じていた。

先にも述べたが、Nさんは来談当初、bさんに悪いと思ったとか、私が何とかしていたらよかったというようなことはまったく思っていないようだったし、いつ自分が排除される側になるのかわからないという緊張感もなかった。それは、bさんが表面的には不適応も起こさず、つらい気持ちを表現したりすることもなかったから、Nさんは何も反応をしなかったともいえる。しかし、もしかしたらNさんは表面の接点でだけで感じよく世界と関わっていて、その接点で特に大きく波立つことがなければ、そのまま感情も揺らさず、体験に深めていくこともないままにそれまでは過ごしていたのかもしれない。

そのまま、接点の瞬間をつないでいくようなつるっとした適応を続けていくひとたちもいる(というか、そちらの方が多い)のだが、Nさんのたましいはその方向性を望まず、身体が動かず登校できなくなるという状況にまで追い込んで、自分も知らなかった自分の「秘密」に出会わせたように思う。何だかたましいなどという大げさな言葉を使ってしまったが、その言葉を使いたくなるほど、表に見えていたり、本人が意識したりしていることから考えるだけではどうにも理解が難しい不調の裏側に、こういうこともあるのかもしれないというささやかな仮説を立てたくなるのだ。

Nさんもそうだが、「いい子」のなかにはひとの表情を読み取ってその「場」で適応するための最適解を瞬時に探る感覚が鋭い子がいる。それは、一見、とてもいろいろなことを考えているようにも見えるけれど、実は葛藤を内面化していくようなプロセスを経ているわけではなく、鋭い感覚を駆使して反射的にその接点で反応しているだけのこともある。それはその「場」での最適解にはなるかもしれないが、自分としての一貫性は失われることにもなる。

Nさんは、しっかり意識することはなかったけれど、bさんの一件を契機に、そんな自分への違和感が生まれていたのかもしれない。だからあのエピソードを語りたくなったのだと思う。

自分自身に嘘をつかずに過ごしていきたい。こんな言葉はよく耳にするが、自分自身に嘘をつかないことを実践するためには、Nさんが体験したような、こころの作業が必要になることがある。この作業を誰にも知られず(自分でもわからないままに)取り組まねばならなくなったため、不登校という形をとって籠もる必要が出てきている子もいるのだ。

その後、しばらくしてからNさんは登校を始めることになった。

ふたつの意味をもつ「接点」

先ほど、Nさんは表面の接点だけで世界と関わっていて、その接点から体験に深めていくというようなこともないままにそれまでは過ごしていたのかもしれないと述べた。つまり、接点はあるけれど、そこには反射しかない状態だったと言えるだろう。この、「接点」のテーマの模索が、この箱庭の制作の流れのなかにはあるのではないだろうか。接点はあるけれど、反射しかない状態から、触れるか触れないかのギリギリの緊張感のあるテンションのありかを彼女は知りたかったのではないだろうか。

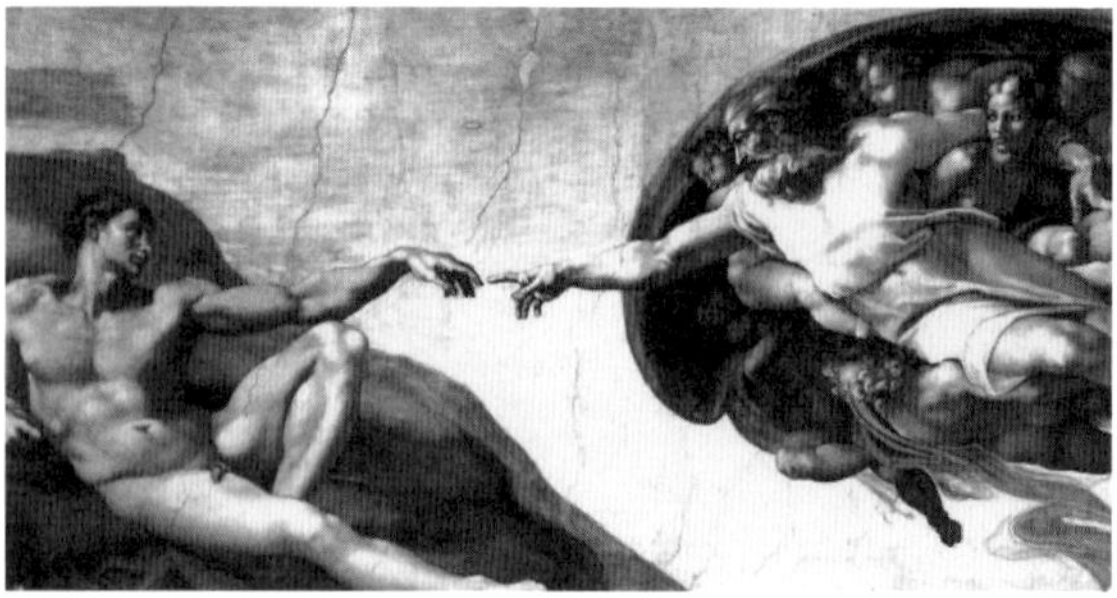

「アダムの創造」

このことを考えるうえで、イメージとして湧いてきたのが、システィーナ礼拝堂の天井画としてミケランジェロによって描かれている「アダムの創造」である（上図）。

創世記の記述では、「神は命の息をアダムの鼻に吹き込んだ結果アダムが生きた人間となった」とされているけれど、この絵では、神は指先を通じてアダムに何らかのものを伝達しているように見える。

一九九〇年にフランクリン・メッシュバーガー博士が、著名な医学誌（*The Journal of the American Medical Association*）で、この絵について、「ミケランジェロは、かなり正確な解剖学の知識を持っていて、神の後ろの人物と背景に描かれている布の表現が、解剖学的に正確な人間の脳に見える」と指摘している。そして、「アダムと神の指先はシナプスを介したニューロンの生化学的情報伝達を意味する」として、「神は脳の中心である感情を司る大脳辺縁系を意味し、おそらくは人間の魂を表現している」と考えている。そうか。医学博士もミケランジェロという天才のこういう表現に触れると、魂という言葉を使いたくなるのか。そして、「伸ばされた神の右腕は、人間の脳でもっとも創造性に富み、もっとも重要な部位である前頭前皮質を表している」とも指摘している。

このアダムと神の指先が、シナプスを介したニューロンの情報伝達を示しているのではないかという指摘を、シナプスについて図示したもので見ると、これになる(左図)。

この、ギリギリのところで接触はしていないけれど、片方に受容体があれば、そこにたくさんの情報が流れる感じこそ、Nさんが箱庭のなかで表現したかったものなのではないだろうか。

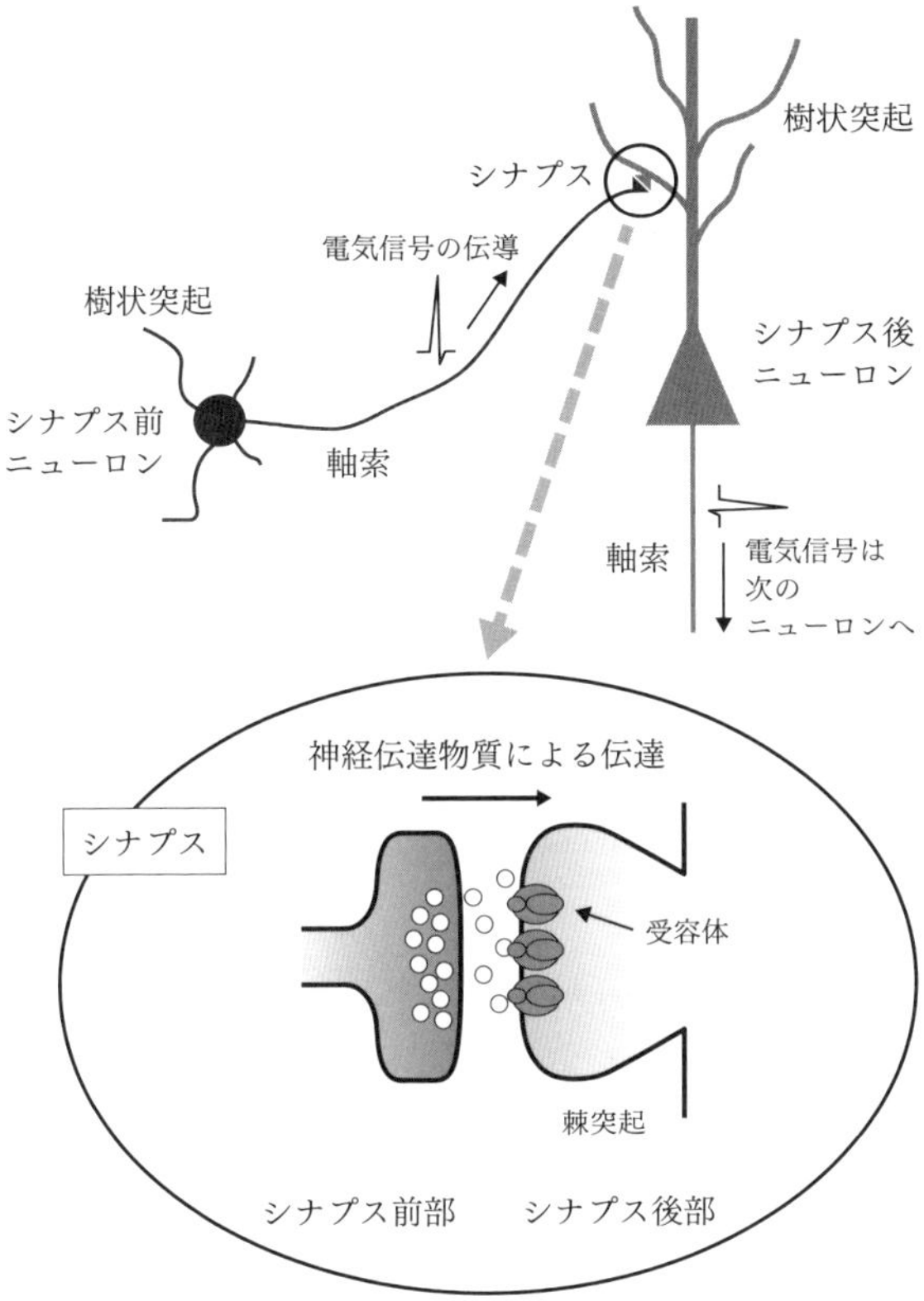

シナプスの概念図
幸田和久「記憶・学習のメカニズムを分子レベルで明らかに」(https://kompas.hosp.keio.ac.jp/sp/contents/medical_info/science/201404.html)

ところで、中沢新一が『アースダイバー』(二〇〇五)のなかで「ミサキ」という場所を示す言葉の語源から、「さきっぽ」(先端)について触れている。

中沢によると、古代語では「サッ」という音そのものが、境界を意味していたらしい。「人間の世界の外にあるどこか不思議な領域から、その境界を越えてなにか重大な意味や価値をもつものがあらわれてくる」ことが「さきっぽ」では起こるのだという。

Nさんが三番目に作った箱庭は、岬が作られていると言ってもいいのかもしれない。そしてその次の箱庭で、「人間の世界の外にあるどこか不思議な領域から、その境界を越えてなにか重大な意味や価値をもつもの」が現れて、それをしっかりと受け取っていこうとする状況が示されているのではないだろうか。

それは世界にあふれている命をもつあらゆるものとの接点を、反射で返すのではなく、自分のなかにしっかりと命を吹き込むものとして受け取ろうとしている表現として考えることもできるように思う。そしてそこにはしっかり生きていくための重要な情報を受け取る受容体ができているのではないかという連想も湧く。

彼女が不登校という状況にならざるを得なかったのも、そしてこのような表現が生まれてきたのも、彼女のなかの思春期センサーが、彼女がこれから生きていくうえで重要になる「なにか重大な意味や価値をもつもの」を感知したからなのかもしれない。

大人のなかの思春期心性と知らなかった秘密

このようなイメージを表現することができるようになるためには、とても長い時間が必要になることが多いし、このような表現などまったくしないひとも多い。しかし、このような表現や物語を知ることは、他のクライエントと会っているときにも、表現するところまでには至らないけれど、そこにはきっとまだ本人にも分からない何らかの物語があると想像しながら会うことはできるように思う。

Nさんもそうだったが、ひとが変化していくなかで、過去の出来事に対しての見方や感情が変わることは大切なことである。しかし、特に思春期の子と会っていると、変化のプロセスのなかで、過去の記憶や、過去に自分が言っていたことまでもが改変されることもよく体験する（Nさんはそういう感じではなかったが）。まるで何パターンもの別バージョンのシーンが撮影されていて、それを編集作業によって別のものを採用して、まったく違う話に作り替えているような印象を受けるときがある。同じシーンの解釈が変化するのではなく、シーン自体が別のものに置き換えられる（つまり記憶自体が変化する）こともあるのだ。

そのようなことは、その子が「嘘」をついている（もしくはついていた）ととらえられることも多い。しかし外から見ると「嘘」にしか見えないことの裏側に、ものごとの見方や感情の変化が潜んでいる可能性についても考える視点は必要だろう。

ところで、コロナ禍のなかでの面接で、あれっ……どうしてこの話題がこんなに出てくるんだろう……と不思議に思い、注目していたことがある。それは、四〇代以上のクライエントによって語られる思春期についての話題である。もちろん、面接のプロセスでそのような思春期のことが話題になることは普段でもよくある。しかし、今回不思議に思ったのは、具体的な解決法の模索などが長年の面接の中心になっていて、現在進行形の話題がメインで、自分の過去について振り返るというようなことはまったくなかった方たちからも、そういう話題が次々と出たからだった。

「すっかり忘れていたけれど、高校のときにこんなことがあって……」とか「今、思うとあれは自分がもう一歩、踏み込めば違う展開になったのではないかと思われて」とか、「中学のときの夢をこの前見てから、どうしてもそのことばかり考えてしまって」というような文脈で語られたのである。また、過去に思春期の重大な体験について語っていた方の場合でも、先ほど述べた記憶の編集作業のように、その内容自体が以前とは違う話に変わっていることもあった。

コロナ禍という、世界を一色に染めるような状況下でも、ひとりひとりが感じている想いや、見ている景色は違う。ネットもテレビもコロナの話題ばかりで、しかも何気ない交流を日常的にもつことができていた他者との接触が制限されるなか、自分が自分であるという個別性までがコロナに浸食されているように感じるひともいたように思う。そんなとき、ひとは自分の個別性である自我体験に目覚めた思春期の頃を思い出すのかもしれない。

思春期という大きな変化の時期は、不要不急の役に立たないことにしか夢中になれず、必要なこと、しなくてはならないことからは逃げたくなる。不要不急にまみれていた時期の体験のなかに、間違いなく自分だけの特別な体験であると思えるような記憶は存在している。そのことを思い出すことが切実に必要になってきている大人たちがいるように思う。

それが、今まで自覚できなかった、私も知らない「私」の秘密が、思春期の出来事を思い出すという形をとって浮かび上がってきているのかもしれない。その秘密こそ、自分が自分であるための核になるのは間違いない。しかしその「秘密」は他者に不用意に話すと、「事実とは違う」「前はそのことについてそんなことはないと言っていた」などと指摘される危険もある。「こころのなかの真実」としての「秘密」は、「客観的な事実」とは異なっていることもあるのだ。

世界がコロナとともに生きねばならない状況へと変容しているなかで、変容の象徴とも言えるような思春期心性ともう一度つながることこそが、自分の核とのつながりを確認しながら生きていく糧になった大人もいたのだと感じる。

8章　異界につながる想像力

ここまでずっと心理療法のなかで起こっていることについてつらつらと書いてきておいて、今更の問いかけになるけれど、心理療法というと、みなさんはどのようなイメージをもっておられるだろうか。

言葉にできないもの

困っていることや悩みについてクライエントが話すことを、セラピストが共感的に受け止めつつ、専門的な見地からのアドバイスも適宜したり、クライエントが表現するものに寄り添いながら話し合うなかで、何らかの解決を目指すもの。これは心理療法の説明としてはまったく間違っていないし、私自身も、そのような心理療法をしようとしていることがほとんどだ。しかしこれまでにも紹介したように、困っていることや悩みがなかなか話の中心にならないことも多い。それだけではなく、あまりに問題が複雑でどうにもならないことも当然、ある。そうするとあれこれ試行錯誤をするのだけれど、ああでもないこうでもないと右往左往して、こちらも何をどう言葉にしていいのかまったくわからなくなることもある。

「もっとこう、モヤモヤとした、言葉にできないものがあるんだ。脳みそが決めたもんじゃない、体が、体だけが知ってるよう、言葉っちゅう呪いにかからないもんがあるんだよ、て、ああ「言葉にできない」も、言葉なもんだから、ああ。もう、嫌んなるなぁ。嫌だあ。」と、言いたくなる。いや、言いたくなるというのはおこがましいだろう。私がそう言いたくなっているときには、その一〇〇倍くらい、クライエントのほうがこんなふうに言いたくなっているに違いない。

唐突になんのことなんだと思われたかもしれないが、これは西加奈子の小説『ふくわらい』の登場人物、守口廃尊《もりぐちばいそん》が頭をぐしゃぐしゃとかきむしりながら言ったことである。

廃尊が言うように、言葉にすればするほど、言葉の「呪い」によって大事な意味がこぼれ落ちてしまい、落ちていったもののほうに強く気持ちを揺らされてしまうこともある。クライエントの抱えているテーマが、アドバイスや共感だけでどうこうなるものではないような深さと重さがあるときほど、それをどう言葉にして返したらいいのかわからなくなる。筋は見えにくくなり、クライエントとの道行きのプロセスを筋の通った言葉にすることも難しくなる。自分なりに力を振り絞って言葉にしても、それは何か本質的なところからずれてしまった気持ち悪さが残ることもある。本当に、難しい。

さて『ふくわらい』では、この言葉の「呪い」をどうすれば解くことができるのか、そこに身体性がどう関わってくるのか、そしてひとが世界との関係を結び直していこうとするときに何が起こっているのかということが物語られている。ひと筋縄ではいかない問題を抱えているひとたちが一生懸命に生き抜こうとしているこういう物語を読むと、本当に励まされる。そしてその変化の臨界点で起こっていることは、心理療法という非日常的な枠組で真剣にひとと向かい合うときに起こっていることと、実に共通点が多いと感じるのだ。

では、心理療法の本質的な部分との呼応を念頭に置きながら、まずはこの作品から考えてみよう。

西加奈子『ふくわらい』から考えられること

守口廃尊は、プロレスラーであり、鬱を患っていて『守口廃尊の闘病たけなわ!』という連載をもっているコラムニストでもある。そして主人公である定《さだ》が、彼の担当編集者になったところから物語は動き始める。彼女は編集者としてとても有能で、担当する作家に対して誠心誠意、寄り添っている。彼女は五十音という決められた音を組み合わせて出来上がる言葉や文章に対して、いつも新鮮な気持ちで驚き、感動している。そして生活のなかではどんなにさまざまなところでバランスが取れなくてちぐはぐになっていたとしても、そのような文章を作り出す力のある廃尊に、彼女は深い敬意をもっている。この定のスタンスは、自分に課せられた宿命(それはとても理不尽なものである)と、真剣に取り組んでいるクライエントと出会うときの感覚と似ている。そういう大きなものを背負っているひとには、こちらも自然と敬意をもつのだが、愚直で嘘がない態度で向かいあわないと、ごまかしはすぐバレる。

さて定は、母を早くに亡くしたことや、かなり特殊な分野の文筆家である父に連れられてアマゾンの奥地など少数民族がいるようなところを転々とするなど、非凡な環境で育っている。そうしたことも影響しているのか、生まれつきの傾向なのか、彼女の感覚には独特なものがある。「ひとが感じていることを自然に自分も感じること」や「ひとを好きになること」などがどういうことなのか、彼女にはわからない。世間のひとたちが「不気味だ」とか「気持ちが悪すぎてとても受け入れられない」ととらえるようなことに対しても、彼女はそんなふうに感じることはなく、独特の立ち位置になっている。しかし、彼女が「テー」と呼ぶ乳母が愛情深く彼女を育ててくれたことが幸いして（いると私は思うのだが）、ひととしての純な部分がしっかりと守られて、職場でこころを許す後輩もできている。

ところで「テー」は、「定」の音読みだ。定はまったく意識はしていなかったと思うが、自分と乳母との関係を呼び方でつなぎ合わせていたのかもしれない。

定は、父親がジャングルの奥地でワニに食べられて亡くなったとき、父親の肉を食べたという経験がある。その経験でさえも、自分のなかでどんな感情と結びつけていいのかが定はまったくわからない。いや、きっと本当は感情がないわけでも、わからないのでもないのだ。その体験にまつわる感情のサイズのあまりの大きさと非日常感に、そのまま引き受けたら異界に引きずりこまれて精神的に崩壊してしまう危機的な状況だったため、感情が切り離されてしまったのだろう。だから淡々とその事実について話すことはできる。そして、父親の肉を食べたということは、日常を生きている周囲のひとたちにとっては考えられないくらいにショッキングなことであるということ自体は、頭ではよく分かっている。しかし知的に理解していることと、感情とつながっていることはまったく別なのだ。これは三章で述べた「解離っぽい」を越えて、「解離」していることを意識しているのに、どうしてもつながらない状態だと言えるだろう。

さて、彼女は出会った相手の顔を「ふくわらい」の紙のように二次元に還元しながら、自分なりにひとつひとつ顔のパーツをとらえて並べ変えたりしている。それはどうやら相手を彼女なりの方法で知り、確認する作業になっているらしい。このような作業は、顔に対してだけでなく、彼女が触れる世界のものすべてに対して行われているようだ。世間のひとたちにとっては、ごく当たり前にまとまりのある世界として体験されているものが、彼女にとってはそうではない。彼女が生きている世界は、すべての事象があるべき場所にちゃんとあるのかどうなのかがよくわからない世界なのだ。

体験に紐付けられた感情で構成されることがない世界というのは、目隠しをして触る「ふくわらい」のパーツが簡単にあちこちに移動するように、安定感がまったくないものなのだろう。定が身体のあちこちにタトゥーを入れているのも、自分の身体が崩壊することなく、自分にちゃんと属しているものだと確認するための大事なしるしなのだ。

彼女は、その頼りなく漂っている世界の断片を、ひとつひとつ丁寧につかまえて、分からないことは率直にひとに聞いて、自分の世界のなかに位置づける作業を一生懸命している。それは、幼い子どもが世界を定位していくための無垢な手つきのようにも感じられ、その様子に触れるとどんどん定のことが好きになっていく。その一方で、彼女の生きている世界は、これほどに寄る辺のないものなのかと胸がぎゅっとしめつけられる。

周囲からは「何を考えているのか分からない」「能力が高いはずなのに、当たり前のことをいちいち確認してくる」「すぐに反応せずに、ぼーっとしていることが多くて、動作がすごく遅くなることがある」などと思われているひとたちの内側では、この定のような必死の取り組みが行われていることもあるのかもしれない。

「見える身体」と「見えない身体」

ところで、こんな夢の報告をクライエントから受けたことがある。このクライエントも定のように体験と感情が結びつきにくく、生と死の境界も薄いひとだった。

夜、知らない街を歩いていた。まるで映画のセットのようでまったくひとの気配がない。一軒だけひとの気配が感じられる店があったので入っていった。そうしたら、顔がよく見えない誰かがカウンターの向こう側にいて、黙って皿に入れた食べものを出してきた。スプーンですくおうとしたら、食べものと皿をざくっと突き抜けてカウンターにスプーンが刺さってしまった。

この夢を聴きながら、えっ…この街、この店には行ったことがある、という不思議な既視感がよぎった。食べものと皿を突き抜けて、スプーンが刺さってしまうのは、カウンターが砂でできているからだ。そしてカウンターの砂ごと口に入れるため、口のなかがジャリジャリとする。そのときの不快な身体感覚までがリアルに甦ってくる。

「カウンターが木じゃなくて砂でできていて、その砂も一緒に食べることになって……」というクライエントの言葉にうなずきながら、言葉にはできなかったが、うん、それ、知ってる、と深く納得していた。身体感覚を伴ってその夢を実感している自分に驚き、プチパニックを起こしている内心を抱えながら、その一方で、この不思議な既視感と身体感覚の記憶はなんなのだろうと考えていた。

もうひとつ、紹介しよう。別のクライエントから、こんな夢の報告を受けたことがあった。このクライエントも、寄る辺のない不穏な感覚に説明のつかない苦しさを抱えていた。

知らない街の古道具屋で、大事にしていたのにどこかでなくしてしまったオルゴールを見つけた。感激していたら、店主が「こちらが本当のあなたのオルゴールですよ」と、すごく似ているけれど別のものを出してきた。どうしてこっちが本物なのか理由がわからなかったけれど、ああ、そうなんだと思って手に取った。

その夢のことをクライエントから聴きながら、動悸が打ちはじめていた。なぜなら、店主が出したオルゴールのほうが、なぜクライエントにとっての本当のオルゴールなのか、その理由がわかるような気がしていたからだ。本当のオルゴールのほうは、きっと蓋の蝶つがいが壊れている。そんなオルゴールを夢に見たことがあったのだ。そしてその夢を見たとき、ああ…これはあのクライエントがなくしたオルゴールだ、渡さなきゃと思っていたのである(ちなみにそれまでの面接で、オルゴールの話題などは出てきていない)。

「最初見つけたオルゴールと、店主が出したものとでどこが違っているのかわかりますか」とクライエントに訊ねたところ、しばらくクライエントはじっと首をかしげながら考え、「本物のほうは蝶つがいが壊れているのか、蓋がずれていたような気がします」と答えたのである。やっぱり、そうか。そうだったのか。と、深くこころが揺さぶられていた。

これらのふたつの夢に関わる体験は、きっとクライエントのさまざまな感覚がこちらに向かってなだれ込むように伝達されてきていたということなのだろう。第七章のNさんの四番目の箱庭のように、シナプスの「接点」から情報がすごい勢いで入ってきたような感覚だった。廃尊が必死で訴えていた

「脳みそが決めたもんじゃない、身体が、身体だけが知ってるよう」という類いの体験なのかもしれない。

このように、自分が生きているこの身体での記憶や体験とはまったく違うところで、夢の回路を通じてクライエントと夢の世界を共有し、リアルな体感を味わうこともある(めったにないことだが)。これは、クライエントとこちらの関係が、一体感といったようなべったりしたものではなく、接点があるようだけれど、しっかりとそこに情報が通い合うだけの隙間があるときに起こるように思う。

ところで鎌田東二は『身体の宇宙誌』(一九九四)のなかで、古代からさまざまな修行や神秘体験を通して、身体が目に見えて手で触れることのできる身体性だけではなかったことが指摘されてきたとしている。つまり、目に見えて手で触れることのできる今ここにある身体のほかに、目に見えない、より精妙で微細な身体があると考えられてきたと「見えない身体」の存在について説明している。そしてこの「見えない身体」は、こころやたましいといった目に見えない営みと深く関係していることに触れ、見えない身体領域は、霊性の次元に関わっていると述べている。

世界とうまくつながれていないというのは、「見える身体」が生きている世界と、大事な感情がアーカイブされている「見えない身体」の世界がうまくつながらなくなっているということだろう。これは現代を生きている私たちの共通のテーマなのかもしれない。「見える身体」をしっかりと介することなく、目と耳と指先だけで情報ばかりが行き来するネットでの生活が日常のメインになると、「見えない身体」の次元のことは、なおざりになってしまう危険がある。

そして、「見えない身体」のことは、どこか怪しい不気味な存在――異界のもの――としてしか、私たちの前に現れてきにくいように思う。だから「見えない身体」のことは、なんだかどこかうさんくさいような雰囲気をまとってしまうことも多いのだと思う(実際にうさんくさいものもすごく多い)。

しかし考えてみれば現代に限らず、「見えない身体」の次元のことは、昔から怪しい不気味な存在として描かれていることのほうが圧倒的に多い。そして昔は、今では考えられないほどのリアリティがその存在に対してあったのだと思う。昔から鬼や妖怪、生き霊、そして幽霊などとして、さまざまな物語のなかで「見えない身体」の存在が示されてきたと考えることもできるだろう。

拙著『思春期をめぐる冒険——心理療法と村上春樹の世界』で、村上春樹の作品のなかで描かれていることを、「見える身体」と「見えない身体」の視点で読み解いたことがあるが、現代はサブカルチャーの分野でこの「見えない身体」をめぐる物語が大量に創作されているように思う。これも「見えない身体」と「見える身体」とのつながりが弱っているところを補っている大切なムーブメントなのかもしれない。

複雑に入り組んだ運命の糸に巻き取られて苦しんでいるクライエントが全体性を取り戻して生きていく力を得るためには、それまでの自分が生きてきた物語とは違った、新しい物語の生成が必要とされる。そのためには感情をアーカイブしている「見えない身体」の次元とつながることがどうしても求められる。

追い詰められた廃尊が自殺をしようと手首を深く切ったとき、定は廃尊から呼ばれて、彼の話を聴くことになる。廃尊の言葉に刺激されて、定は父が亡くなったときの話を詳細に語り始める。そして父の肉を食べたということがどういうことだったのか、感情を伴ってはっきりと理解するのだ。これは、その定の話を聴いている廃尊自身が生と死の瀬戸際にいたからこそ、起こったのだろう。

今まで述べてきているたとえでいうと、シナプスとシナプスの「接点」から、死について封じていた感情の情報がすごい勢いで定に入ってきた状況だったとも言えるのではないだろうか。そして廃尊と定の「見えない身体」が呼応しあって、奥の奥に閉じこめられていた定の感情を伴った記憶が吹き出してきたということだろう。そしてそれは「見える身体」としては激しい嘔吐となって現れてきたのだ。

この嘔吐のシーンは、実に圧倒的であり、激しい嘔吐という(けっこう読むのがしんどいくらいの)極めて汚い描写が続くのだが、異界に閉ざされていた「見えない身体」が「見える身体」を使って顕現してくるというのはこういうことなのかもしれないと、何か敬虔な気持ちにもさせられるのである。

それまでの廃尊は、彼のプロレスを一度は見たいという定に、ずっとダメだと言っていた。それは「(前略)プロレスは、思春期とか、少なくとも一〇代の頃に食らわないと駄目なんだよ。体感しないと、一生わかんねぇんだよ。頭で見るもんじゃねえぇんだからよう。」という理由だった。しかし、この激しい嘔吐があった後で、廃尊は「明日、プロレス見にくるか。」と定をさそう。定が自分自身の「見えない身体」とつながったことで「体感」ができるようになったことを廃尊は、センサーで繊細に感じとっているのだ。

そして変容は一方的なものではない。廃尊自身にも変化が訪れる。

実は、廃尊のコラムは打ち切りが決まっていたのだ。廃尊にとっての「見えない身体」の発露としての文章の発表の場を失ってしまうという事実は彼にとって到底、受け入れることなどできないものだった。また脳の血管の問題でプロレスという「見える身体」での大切な表現を続けることができなくなってしまうということも重なっていた。どうやっても受け入れることが困難だと思われるこのような運命を廃尊は、自分のなかにしっかりと落とし込んでいくのだった。

侵襲ではなく、伝達

セラピストにとっても、「見えない身体」が関わるレベルのことは、プラスの意味だけではとらえがたい。クライエントの「見えない身体」の次元に関わることが、自分の現実を揺るがすわけのわからない恐ろしいものとして侵襲的に感じることもあるし、こちらの五臓六腑やたましいまでもが揺らされるような体験になることもある。それを治療的に活かせるかどうかは、「見えない身体」の次元でのことを「侵襲」といった形でなく(シナプスのモデルのように)境界を越えてやってくるものを受け入れるというイメージでとらえることが可能かどうかというところにある。

しかしどんなに意識的にこの視点をもとうと努めていても、あまりの現実的な困難さに八方塞がりになることも正直、ある。ところがあるとき、まったく意識的な努力とは関係なく、ふいに自分の認識自体が変容させられるような体験として、クライエントと自分の宿命の重なりについての自覚が襲ってくることがある。これは現実的なレベルでクライエントと似ているところに気づいたというような重なりではなく、シンプルな言い方をしたら、生まれたからには必ず死んでいく生きものの宿命としての同質性を強く深く感じるという感覚に近い。

こうして書いてしまうと、何だかあまりにもあんまりで、廃尊のように「言葉にできないものがあるんだ。脳みそが決めたもんじゃない、身体が、身体だけが知ってるよう、言葉っちゅう呪いにかからないもんがあるんだよ」と、うにょうにょと身体をねじって、言葉の呪いを解きたくなってくる。

そのときの感覚は今まで閉ざされていた何かがいきなり覚醒したとしか言いようのない衝撃であるし、どこかで大きな痛みが存在しているという実感も伴うものだけに、どう表現したらいいのやら……と思う。

この「痛み」は、今まで紹介してきたさまざまなクライエントのプロセスのなかにもあったように、このつながりのなかにある種の「暴力性」を感知するからだろう。強く感情を揺さぶられる感動というプラスの感情にしても、日常性を揺るがすという意味では「暴力性」や「痛み」と無関係ではないのだ。

「暴力性」とか「痛み」などと言っていると、どれほど侵襲的な体験なのだと思われるかもしれないが、「見えない身体」が治療的に意味のある形でクライエントとの間に布置されたとき、それは「侵襲」ではなく、境界を越えてなにか重大な意味や価値をもつものが「伝達」されてきたという感覚になり、それが「深い共感」に変わっていくように思う。

先ほど紹介したクライエントとの夢の体験にしても、見方によってはただの偶然の出来事に変な意味づけをしていると考えるひともいるだろうし、一方では、こちらの感覚を乗っ取られるような恐ろしいことが起こるなんて信じられないと思うひともいるだろう。でも、実際にこころを揺さぶられるようなことが起こったのは確かであり、それまでの自分の世界観がぐらりと揺らぐような感覚もあった。

そして多分、そのときにクライエントの世界観も同時に揺らいでいるのだろう。そのようなことが起こったときに、「見えない身体」は、不気味で現実を脅かすような存在とは違った、治療的な意味を(たとえどんなにささやかなものであっても)もつことができるのだと思う。

このようなことが、廃尊と定との間でも起こっていたのではないかと、体感的にわかる気がする。このレベルのことになると、どっちがセラピストでどっちがクライエントだなどというような「見える身体」が存在する世間の基準は厳然とあるものの、そこを超えた関係性が生じる。

廃尊と定も、お互いがお互いにとってとても重要で大事なことをしただけで、その結果生まれた「深い共感」によって、ほんの少しであったにしても言葉の呪いが解けていったのだと思う。ほんの少しとしか言えないくらいの微妙な変化がクライエントのなかに起こったときに、その裏側には、こういう壮大な体験が存在することもある。

『ふくわらい』を通じて、かなりディープな臨床のありようについて語ってしまったが、次の章では、もう少し日常的な前思春期や思春期の事例から、異界につながる想像力について紹介していこう。

自分でも変だということは
わかっているんですけど、
クラスでは
「不思議ちゃん」
そういう私なんだよな
直接やられるのは、まだ逃げ場がある

III

9章　自己感覚を発見するとき

保健室のハードル

第四章で、二次性徴とともに訪れる身体的な思春期に先駆けて、一〇歳頃に「自我体験」としての思春期を迎える子どもがいるということについて紹介した。小学校四、五年生の子が、自分と世界がつながっていた一体感に切れ目が入るような感覚に襲われると、いろいろなことに怯えたり、保護者に甘えたくなったりすることがあるということについて述べた。そしてそれとともに、「自分はなぜ自分なのか」とか、「自分はどこから来たのだろう」「自分はこの世界のなかに存在しているのだ」という感覚も生まれてくるのである。

この章では、そういった「自我体験」の前段として「自分の感じ方は自分のものなんだ」という感覚が育まれるために必要な環境はどういうものなのか、考えていきたい。そしてそれに異界の想像力という視点も加えて紹介していこう。

いつメン関係の話題からも繰り返し述べてきたが、学校での休憩時間は、人間関係がはっきりと浮き出る時間である。そのときに誰と一緒にいるのか、どう過ごすのかということが、学校での居心地の大部分を決めると言っても過言ではない。そのため、休憩時間に保健室にちょっと避難して息をつく子は、教室内の人間関係で疲れることがあるのかもしれないと想像がつきやすい。また、家で何か気がかりがあるのかとか、自分自身のことで抱えていることがあるのかも……ということも考えられる。つまり、何らかのことで疲れているのだということを、保健室に行くという行動によって示すことができる子たちだとも言える。そうすると、周囲にとっても、「保健室にやってくる子」としてこころに留めて、何か起こったときの働きかけに備えることもできるのである。

しかし休憩時間に保健室に集うおなじみのメンバーができてくると、それは保健室のいつメングループになるため、簡単にそこに新規参入できない子もでてくる。保健室に入ること自体にもハードルが生じることもあるのだ。小五のOさんは、保健室にとてもこころひかれてはいたのだが、ドアから覗くと、しんどそうな子がいつも何人もそこにいる。そうすると「あのなかには入れない……。自分は我慢しなくちゃいけない気がして」、彼女は保健室をいつも素通りしていたのだった。

Oさんは、自分程度の苦しさであれば我慢しなくては、という想いもあって保健室に入らなかったのだが、「保健室に行く子は弱い子。私はそんな子とは違う」「保健室に行くような子になったら終わり」と言う子もいる。どんなに高飛車な態度でそんなことを言っていたとしても、保健室のことをこんな極端な形で意識しなくてはいけなくなっていること自体、そういう子にはかなりの疲れが溜まっていると言えるだろう。

学校のなかのオアシス

さて、Oさんであるが、ある日、名札を買いに校内の購買部に行ったとき、購買のおばちゃんがにっこり自分に笑いかけてくれた。その瞬間から、Oさんは購買のおばちゃんが自分を受け入れてくれているように感じ、購買が開く日には、買うものもないのに休憩時間ごとに購買の前に行くようになった。そして、学校の行事のことや担任の先生が授業中に話してくれたこと、男子がふざけておかしなことを言ったことなど、いわゆる「ふつうの雑談」をおばちゃんとするようになっていったのである。

そうするうちに、Oさんがおばちゃんと話をするのを横目で見ていた子たちのなかから、学年が違うものの、ひとりふたりと購買前に集う子たちができてきた。購買の前の廊下に休憩時間たむろして、何だかんだとみんなで話をしていると、おばちゃんが笑顔でチャチャを入れてくれるのだ。Oさんは、自分が見つけた購買のおばちゃんとのこの場所と雰囲気を、他の子たちもいいと思って入ってきてくれるのが嬉しくてたまらなかった。おばちゃんを独り占めしたいという気持ちよりも、ここでなら安心して子ども同士でも話せるという気持ちのほうが、ずっと強かったのである。

実際のところ、この子たちのように購買を学校でのオアシスとして感じている子は、けっこういる(図書館や教科の準備室など、誰か大人がいる場所がオアシスになることもある)。

さて、Oさんにとっての購買のおばちゃんのように、家族や担任以外に、自分に日常的に笑顔を向けてくれる大人がいるということは、それだけで、子どもにとって大きな救いになる。自分に向けられるいつも変わらない笑顔を、子どもは信頼に置き換える。そして自分にとって信頼できる大人の前で、子どもたち同士で好き勝手に話をするというのは、本当に気が休まることなのだ。購買のおばちゃんは何でも話を聞いてくれるが、誰かがひどい悪口を言い出すと「あ、それは言い過ぎだなあ」

「それ以上は言っちゃダメなことだよ」と、言葉を挟んでくれる。

子どもは、自分が言ったりしたりしてもいい範囲を知るため、見守ってくれている大人がいる場所で、ここまでは大丈夫、じゃあもうちょっと言ってもこの場では許されるのかなと、半分意識的にそして半分は無意識的に試すことがある。そしてどこまでが許される範囲なのかを、愛情を込めて指摘してくれる大人をとても求めている。また大人がいると、意地悪が起きにくいという抑止力を期待している部分があるのも確かであるが、それと同時に、自分の表現が他者に対してどういう影響を与えているのかというモニターを、信頼できる大人に代わりにしてほしいという気持ちもある。大人がそのモニターをちゃんとしてくれているという安心感があるとき、子どもは本当の意味でリラックスできる。

自分の言動を全部モニターし、自分の言うべきこと、言ってはいけないこと、そして言わなくてもいいことなどがわかって言葉に責任がとれていたとしたら、それはもう、すごい大人である。ついつい限度を超えてしまって暴走するような失敗が多いからこそ、子どもなのである。そこにいる大人に指摘されない限りは、自分のしていることは大丈夫なのだという安心感に満ちた環境に恵まれるというのが、子ども時代の醍醐味なのだ。

こういう体験こそ、自分はこういう感じ方をして、こんなふうに考えて、こんなふうなものの見方をする人間なのだという感覚が育つ培地になる。こういう体験が決定的に不足している子が増えているのを感じる。

当然のことながら、大人に隠れて何らかの「秘密」を仲間ともつことも、成長のなかでは必要になってくる。しかし最近は、中学生や高校生になっても、大人の目の行き届くところでリラックスしたがっている子が増えてきているのを感じる。

ふつうのひととは違う自分

実はOさんは、保育園の頃から「アンパンマン」が怖くてたまらなかった。格別にアンパンマンにまつわる怖い体験があったわけでもなかったが、なぜかダメで、園の行事などで何かというとアンパンマンの音楽や絵が使われるのが怖くてたまらなかった(Oさんはたまたまアンパンマンだったが、他にも、たいていの子どもが好む着ぐるみのキャラクターなどを、引きつけを起こさんばかりに怖がる子もいる)。そのため、「あまり(アンパンマンを)見たり聞いたりしなくてすむように」園では「ぼーっと」していたという。彼女にとって何より不思議だったのは、自分以外の園児はみなアンパンマンに対して、一様に嬉しそうな反応をしていたことだった。あれほどみんながいいと思うことが自分には苦痛だということは、自分が異常なのだろうか、とぼんやりとその頃から感じていたらしい。このように集団のなかで他人とは感じ方が違う体験が重なると、自分の特異性を漠然と意識するようになる(なかにはその重みに耐えかねて、まるで集団から積極的に逸脱するかのような振る舞いに出て、問題児としてすごく目立ってしまう子もいる)。

またOさんはカレーも苦手だった。給食でカレーが出ると、クラスのみんなは喜んでいるのに、あの臭いをかぐだけで気持ちが悪くなるのだ。カレーが苦手な子がいるなんて、たいていのひとは想像もしていない。そのため、「アンパンマンが怖い」「カレーが苦手」など、自分の感じていることをそのまま言うと、びっくりされたり、信じてもらえなかったりする体験ばかりが重なっていた。「えー？アンパンマンが怖いって変わってるー！」「カレー美味しいのに、どうして食べないの？」と言われるたびに、Oさんは何か重いものを背負わされたような気持ちになるのだった。小三の頃、一度、あまりにしつこく「そんなのおかしいよ」と言われたときに、我慢できずに「怖いものは怖いの！」「私は（カレーが）とにかくダメなの！美味しいって思えないの！」と言ったことがあったが、周囲をドン引きさせて「ヘンジン」と呼ばれるようになっただけだった。このように、まわりのほとんどのひとたちが心地よいと感じることが、自分にとっては苦痛であるという体験がOさんにはあったのだ。

Oさんのように、「自分はふつうのひととは違う」という感覚を幼い頃から持ち続けながら生きている一群のひとたちがいる。そう思うに至った道のりのなかに、「どうしてふつうにできないの！」という親の日常的な叱責が影を落としていることももちろんあるが、どんなに暖かい養育環境で育っていても「自分はひととは違う」という想いがぬぐえず、何とも言えない違和感を抱えているひとがいるのも確かである。なかには、あんなにいい親なのに「ふつうにできないから」「ひととは違うから」迷惑をかけてしまう自分が情けないと、罪悪感にさいなまれているひともいる。罪悪感を抱えざるを得なくなっているプロセスのなかに、親のいびつな関わりを見て取ることのできる場合も多いが、親に理解があるからこそ、「こんなにいい親なのにどうして私は…」と悩むようになることだってあるのだ。Oさんの場合も、そうだった。

家族はアンパンマンのこともカレーのことも受け入れてくれていたが、一歩、家の外に出るとそれはとても難しい。しかし、うまく説明はできないし、結局、みんなと同じようにできない自分が悪いのだとOさんは思うようになっていたのだ。だから、もうアンパンマンが怖いことやカレーが苦手なことなどは絶対に誰にも言うまい、隠し通そうと決心したのだ。

そしてOさんは、どうして自分はこんなふうにみんながよいと思うものを、よいと受け入れられないのだろうか、と自分自身の内側に注意を向けることが増えていった。それとともに常に集団のなかでは、ひととは違う自分を出さないようにと、かなり意識的に配慮するようになっていた。それは彼女にとってかなりなエネルギーを使うことなので、結果的に表現をほとんど押さえ込むことになり、基本的にはとても大人しい子だと周囲からは思われていた。そして授業中に、(正答があるものでなく)何か自分の感じたことなどを発言しなくてはいけないときには、自分の感覚はひととずいぶん違っているのではないかと考えて妙におどおどした態度になるし、その場にまったくそぐわない言葉や振舞いが出てしまうこともあったのだった。

そのようなぎこちない態度や、緊張のあまり、期待されるものとはずれた発言をしてしまうことがあることから、Oさんはクラスでは「不思議ちゃん」という位置づけで扱われるようになっていた。自分でもよくわからない自分のことをひとから「不思議」と言われても仕方ないとは思ったし、「不思議ちゃんキャラ」は何かと「おいしいキャラ」であるというのもわかってはいたが、どうにも居心地が悪かった。そんなときに、休憩時間の行き場所として、購買のおばちゃんに出会ったのだった。

好きなものと自己感覚

Oさんは、小五になった頃から、「黒魔術」や「ホラー」などにとても興味をもつようになっていた。しかし、周囲の女子たちは、アイドルや恋バナに夢中なのである。関心が近い領域といってもせいぜい占い程度であり、これまでの少数派人生を考えると、こんなことに関心をもっている自分はやはりひとと違う変な子なのだと、Oさんは後ろ暗い気持ちを抱えていた。そのため、このようなことへの関心は、母親と話す以外は一切誰にも話さず、クラスでとりあえずいつメンのひとたちと過ごすときには、彼女たちが語るアイドル話や恋バナに、適当な相づちを打っていたのである。まったく興味もないのに、いつメンから排除されないための必死のおつきあいで話に加わっているから、相づちや笑いのポイントがずれるため、余計に「不思議ちゃんキャラ」として扱われるのだった。

小学校中学年から高学年といった、前思春期の子どもにとっては、仲のよい同性の友人と一緒にいることが一般的には何よりも重要である。親にどんなに受け入れてもらっていたとしても、社会に出ていった場で、無条件に共鳴し合える同性の友人の存在がこの時期にはどうしても必要なのだ。そういう友だちを得ることができると、ああ、自分はこういう自分なんだと体感的に、言葉ではないレベルで感じることができるようになる。これが「自己感覚」の発見である。そういう自分でいいんだという肯定的なところまで、確信はもてなくてもいい。ああ、自分はこういう自分なんだと実感できるだけでも、来るべき思春期の不安定さに向かう力になるのである。（ちなみに一緒にいるときの居心地のよい身体感覚がこの自己感覚には関係してくるので、言葉中心の「ネット」ではその感覚が得られにくいし、破綻もしやすいように思う）。

ある日、購買のおばちゃんと、もうひとり四年生の男の子がいるときに、食べ物の好き嫌いの話になった。そのときOさんはふと、「私、カレーが苦手で食べられないんだ」とつぶやいた。そうしたところ、おばちゃんは「あら、そうなの。それはいろいろ苦労だねえ」と眉を寄せ、その言葉につられて四年生の男の子も「へえ、そういうこともあるんだね」と新しい発見をしたかのように答えたのである。この体験は、Oさんにとって衝撃的なものだった。「あ、私はカレーが苦手、そういう私なんだよな」という実感がこころの底から湧いてきたのである。これがOさんにとっての大きな転回点になった。「アンパンマン」が怖かったのも、「黒魔術」や「ホラー」が好きなのも自分。それがいいのか悪いのかはわからないけど、そういうのを好きだと思っているのが自分なんだと感じることができたのである。

これは大事な「自己感覚」の発見である。これがあるとないとでは大違いだ。そういう自分を受け入れるとか、そういう自分を認める、というほどのものでなくていいのである。そういう自分が自分なんだとそのままに感じることができると、今まで、どれほど自分が感覚を鈍らせることにエネルギーをかけて疲れていたのかが逆によくわかるのだ。Oさんは、この購買のおばちゃんと四年生の男の子との会話があった翌日から、それまでの疲れがまとめて出たかのように三日間、熱を出して学校を休んだ。その身体化のプロセスから復活してからは、逆に購買に行く回数が減り、以前よりもクラスに居る時間が増えていったのである。

一章や二章で述べてきたように、最近の子どもたちの様子を見ていると、友人関係のなかでOさんにもたらされたような「自己感覚」を得ることもなく、漠然とした不安の中で過ごしていることが多いように思う。男子では、ギャングエイジで徒党を組んでちょい悪なことをするような体験も減っているし、女子は一見、いつも一緒に居て何でも話し合える仲よしがいるように見えても、居場所確保のための社交にエネルギーを費やし、「自己感覚」に覚醒できるような関係性がない場合も多い。プレ思春期の大事な時期に、友人関係を通じて自分自身の感覚を実感できないままに日々の学校生活を過ごしているため、大勢の疲れている子たちがいるのである。

ここで注目したいのは、学校で「不思議ちゃんキャラ」として認知されている自分に違和感を覚えていたOさんが「自己感覚」を得るに至ったのは、同年代の同性との関係のなかではなかったということである。従来、大人の目の届かないところで、同性同士で行われていたはずの親友関係(チャムシップ)を、今、信頼できる大人の守りのなかで(そしてその大人をチャムとして取り入れたうえで)形成したいと望んでいる子が増えているように思う。最初のところで触れたように、中、高校生でもそれを望む子が増えているのである。

情緒的な発達のプロセスがずいぶんとゆっくりになってきているのを中学校や高校の現場の臨床でしみじみ感じているが、大学生の追い出しコンパの挨拶でもそれを感じることがある。「初めて、こんなに自分のことをわかってもらえる仲間に会いました」「仲間がいるって素晴らしいことだって卒論書きながら、初めて思いました」「ダメな私(僕)を受け入れてくれてすごく嬉しかったです」と語る様子からは、高校までの孤独が思われるとともに、最近は大学生になってからやっと自己感覚に覚醒するような仲間体験に恵まれる場合も増えているのではないかと感じることもある。

子どもは生き生きと元気で疲れ知らず……などというイメージとは違って、最近の子どもたちが疲れているのには、ご近所づきあいのいつメン問題などがその奥にあるだけに、自己感覚に目覚めるような同性とのチャムシップ関係が築きにくくなっている部分もあるのではないかと感じる。

「異界」へ向かう深い穴

Pくんが母親に連れられて来談したのは小学五年のときだった。彼自身に主訴はなかったが、彼の母親の「息子が意味の分からないことに没頭していて、その理由がはっきりしないのが気がかりでたまらない」という不安からの来談だった。

彼の家は、祖父母や曽祖母などと同居していた昔ながらの古い家だったが、曽祖母、祖父と続けて亡くなったあとで、その古い家を壊してすべて建て替えて新築になったところだった。新築のその家には、最新の機能が備わっていた。廊下も人感センサーですぐに明るくなり、まっくろくろすけ(ⓐ『となりのトトロ』)が出てきそうな古い家とはまったく違っていた。これから思春期に向かうPくんのための個室も用意され、それを彼はとても喜んでいた。

そして新しい家に入りきらなかったものを入れるために、庭に大きい物置が設置されていたのだが、その物置がなぜか後側に微妙に傾いているのが発見された。調べてみたところ、ブロック塀とその物置の間に大きな穴が掘られていたことが発覚したのだった。そしてそれがPくんの仕業であることも明らかになったのだ。

理由をどんなに問うてもPくんは「わかんない。何となくしたかった」という以外の説明をしない。「今まで何の問題を起こしたこともない子なのに、こんなわけの分からないことをするなんて」と背景に重大な心理的な問題があるのではないかと母親はとても心配していた。なにせ、その穴はかなり

箱庭 1(再現)

深く、物置の基礎の奥に向かって掘られており、掘っている最中に倒れていたとしたらかなり危険なことが起こりうるような状況だった。つまり、尋常ではないエネルギーがそこに傾けられていたのである。母親も、家が新築になったことと何か関係があるのかもしれないと感じながらも、Ｐくん自身が新しい家になったことを喜んでいたので、余計にわけがわからないといった様子だった。

彼は、相談室などという場所に連れてこられて、穴を掘った理由を根掘り葉掘り聞かれるのではないかと、非常に警戒している様子だった。とにかく、こちらが怖い存在ではないということを何とか知ってもらうのが先決なので、人生ゲームや黒ひげ危機一発など、一緒に楽しむ時間をまず作ることにして、ここが脅かされない場所であるということを知ってもらうことに注力した。

そして彼には言葉にできない何かがあったのだろうと考えて、ある程度、関係ができた頃、箱庭に誘ってみた。すると彼はまず棚から墓のフィギュアをあるだけ集めて、まず箱庭のふちに沿って丁寧に置いて、その仕上がりを確かめてから、車とか標識、ガソリンスタンドなど街並を作っていった。そのできばえにとても満足している様子で、こちらを見て、にっこりと笑ってきた。そうか。日常生活の様子を成り立たせるために、まずは「墓」で囲うことが彼には必要なんだなと思って見ていた（〈箱庭1〉）。

その後の面接では、彼は箱庭に向かうこともなく、一緒にオセロをしたり人生ゲームをしたりして過ごす面接が続いていた。そうして関係ができてきたある回に、「穴を掘ってると安心できた…」とぽつりと彼が呟いた。そしてその後の面接では、曽祖母がいた頃の古い家の話を懐かしそうにするようになっていった。どうやら新築の家は便利できれいでとてもいいけれど、ごちゃごちゃとした古いものがすっかりなくなった状態に、彼のこころが追いついていないのだなと感じた。もしかしたら彼にとって古い家がかもし出していた土地と結びついた情緒の名残のようなものが、その物置のなかにはあったのかもしれない。でもだからといって、彼は物置のなかに入ってみようとは思ったことがなかったという。そうなんだ。物置のなかで古い家のものに触れることが必要なわけではなかったのだなと思った。

やがて彼は、その穴を掘ることで地下室を作り、そこに自分の部屋を作るというイメージをもっていたことを語り始めた。彼にとって必要だったのは、物置のなかの古い家の残骸を確認してノスタルジーに浸ることではない。古い家のものが詰まっている物置とブロックの間という誰の目にも触れない場所から、自分の力で「異界」につながる回路を作り、そこに自分の部屋という居場所を新しく作るイメージこそが大事なことだったのだ。彼には、現実的な「見える身体」にフィットした自分の個室が与えられており、それに満足もしている。しかし彼の「見えない身体」はその新しい個室ではない自分の部屋(居場所)を求めていたのかも……と思った。

箱庭で彼はまず「墓」で周囲の守りを固めている。「墓」は「穴を掘ってその場所に死者を葬る」という異界イメージの強いアイテムだ。異界に守られる状況を作ってから街という日常生活を展開させているということからは、彼にとっては異界の守りが現実を生きるうえでの基盤にあるということだろう。古い家や曽祖母が存在している間は、ほとんど無意識的に継承されてきたその家に存在している情緒が彼を守っていたに違いない。それが失われたあとで、彼は何とかその感覚を取り戻そうと、現実的な視点からすると突拍子もないことだったが、「穴掘り」をしていたのかもしれない。そして箱庭という枠のなかで墓をめぐる表現ができたことで、その後からはその表現の奥にあるものを読み解く鍵になることを、少しずつ言葉にすることができていったと考えることもできるのではないだろうか。

黙々とひとりで誰にも知られずに穴を掘っていた彼の姿を想像しながら、そこにはきっとわくわくした気持ちとともに、かなしみもあったのだろうと思った。でも、彼は新しい家が嬉しかったというのもあって、それを明確な喪失感として体験することがなかった。それだけに、このかなしみは感情として味わわれることのないままで凍結保存されていたのだろう。そのかなしみが「わけのわからない」行動として溶けだして表面化していったのかもしれない。

また、廊下に出るとすぐに電気が反応してパッと明るくなるような最新の家は、意識的には便利で嬉しいと感じていたものの、思春期に入りかけているこの子にとっては、必要な暗さや混沌がなさ過ぎたのかもしれない。穴を掘ってそこに自分の部屋を作るというのは、彼のこころの全体性を守るためには、どうしても必要なイメージだったのだと思う。

ある日の面接で、「地下にある自分の部屋」がどんなのだったらいいかなど、いろいろふたりで語っているなかで、ふと、「古い家の匂いとか、雰囲気とかのなかにある何かが、きっとすごくあなたにとって大事だったんだね」と言ったこちらの言葉に、彼はゆっくり頷き、「大事だった」とひとこと言ってじっと黙りこんだあと、静かに涙を流した。彼のなかにあった喪失感が、やっとかなしみの感情としてつながった瞬間だったのだろう。

このプロセスによって、彼は自分のした(いや、どうしてもせざるを得なかった)行為の奥にあった意味をしっかりと理解し、自分のものとしてこころのなかに抱えていくことができたのではないかなと思った。

家のなかに潜む「異界」

Qさんは幼い頃から家のトイレが怖かった。廊下の先の暗い場所にあったからというのもあるのだが、いつも親についてきてもらいたがっていた。トイレは無防備な状況で一人っきりになる場所でもあるし、自分の一部(排泄物)がどこか見えないところへ連れ去られる場所でもあるので、敏感な子どもにとっては恐ろしい異界イメージが喚起されることが多い。彼女にとってもそういう部分があったのかもしれない。そしてこれもPくんと同じく、たまたま家の改築がきっかけになっているのだが、この子がそんなにトイレを怖がるのならばと、トイレが明るいリビングのなかに設置されたのだった。Qさんへの配慮は奏功して、ひとりでトイレに行けるようになり本人も喜んでいたのだが、やがて洋服ダンスのなかに何かがいるから開けることができないとか、ベッドの下にも何かがいるから怖くてひとりで眠れないということを訴え始めたのだった。親にとっては、トイレが怖いということよりもずっと心配なことを言い出したため、来談に至ったのである。

中学生になったばかりのQさんは、礼儀正しくしっかりした印象の子だった。「自分でも変だということはわかっているんですけど、どうしても何かが潜んでいるような気がして怖いんです」と理路整然と主訴についても語っていた。

風景構成法に誘うと、一回では描き切れず、何回かに渡って彼女は真剣に熱心に取り組んだ。遠景、中景、近景としっかりとした構成で描かれていたのだが、何より印象的だったのは、何か自分で必要だと思うものを書き加えてもらう付加段階になったときに、山にも田んぼにも、そして家の庭にも、川べりにも、すべてに墓(日本の墓だったり、十字架だったり)が描き加えられたことだった(次頁の絵)。箱庭のアイテムで墓をチョイスするよりも、描画で墓をたくさん描き込むのには、よりエネルギーを必要とする。整った楽しげな風景(働くひとや、学校に向かっている子ども、ペットの犬なども丁寧に描かれていた)とともに、彼女のなかには墓で示される異界イメージが重要なのだということを感じた。

彼女にとって、家の古いトイレは、怖さを通じてつながっている、嫌だけど無視できない「異界」

Ｑさんの描いた絵（模写）

だったのだろう。その場所が光に満ちた場所へと変わったことが、異界イメージのトリガーの変化を生んで、洋服ダンスのなかやベッドの下に今度は違和感を覚えるようになったと思われる。

Ｐくんにとっての異界イメージは現実と関わるためのベースになるものだったが、Ｑさんにとっての異界イメージは、自分の秩序だった世界に侵襲してくる不気味なものとしてとらえられているようだ。Ｐくんは日常的な街を箱庭で作る前に、守りの結界のように墓を置いていた。一方、Ｑさんは、光に満ちた日常生活の風景を描いたあとで、たくさんの墓を描き込んでいる。

「お墓は、どうしても描きたかったんです。大事だし」と彼女は語っていた。Ｐくんと異界との関係性と同じ読み筋で考えると、平和で生き生きとした日常を支えているのが、墓に象徴される異界の存在であるとQさんがとらえているとも言える。しかしPくんが積極的に穴掘りなどを通じて異界イメージに近づこうとしているのとは逆に、彼女の意識は、日常への異界の侵入の気配を不気味で怖いものとして感じていた。そのことから考えると、Qさんは墓という「理解可能な異界の象徴的なアイテム」を、まるで結界を張るかのように意識的に描き込むことで、日常生活を脅かす正体のわからない怪しく奇妙な異界イメージの侵入を堰き止めようとしたのだと考えることもできるだろう。

この風景構成法で描かれている世界について話し合うことだけで、彼女を悩ましていた家のなかの妙な気配は消失していった。

「異界」への感受性の喪失

Pくんも Qさんも現実生活ではとても「いい子」として生きている。そして古くて不便な家が新しく清潔で便利になるというのも、とても前向きで大事な変化である。しかしそのなかで、彼らのようにセンサーが敏感(感受性が強い)な子たちには、(家の新築や改築というきっかけがたまたま重なったというのもあるのだろうが)目に見えない「異界」とのつながりの感覚が「見えない身体」を通して存在しているのを感じるのに、日常的な現実があまりにクリアで影がなくなると、その感覚の納まりどころがわからなくなって、いろいろ誤作動が起こることもあるのではないだろうか。だから穴を掘ることで何とか安定を図ろうとしたり、何かこの世のものとは思えないものが表から見えない場所に潜んでいるような気配を感じたりするようになったのかもしれない。「異界」と「日常」をつなぐイメージが

（たとえポジであろうとネガであろうと）身近な現実のなかから失われ、こころのなかでは、いろいろな形を取ってその部分を補うイメージが動いていたのだと思われる。

そして、現実を生きることに一生懸命になっている大人は、このような「異界」とのつながりが切れることに対して、感じるセンサーがなくなっていることが多い。新しい変化のほうへ家族の気持ちが全力で向いているなかで、もっとも感受性の強い家族メンバーが、その変化の痛手をひとりで担うこともあるように思う。それはもちろん、単に変化に対しての抵抗感や、愛着していた場所が変わってしまうことに対しての喪失感のレベルとしてもとらえられるだろう。しかし、PくんやQさんのように、大人が失ってしまった異界への感受性を担っているがゆえに、理解できない行動をしたり、不気味な気配に怯えることになったりしているのかもしれないという視点も必要なのではないだろうか。

山陰という土地柄も影響しているのかもしれないが、このふたりは、ある意味、「異界」と切り離されて生きることの痛みや喪失感、そして日常のなかに「異界」の侵入を受けることにどう取り組むのかというテーマをもつことができていたと言えるだろう。しかし今や、このような感覚を生活実感としてもつことがないひとたちのほうが圧倒的に多いと思う。

ところがそんななか、小説や漫画、アニメやゲームやドラマ、映画など、さまざまなエンターテインメントの分野では、「異界」を扱う作品がここ二〇年で爆発的に増えてきている。そして思春期特有の関心ではなく、あらゆる年代のひとたちにとって、そのような「異界」テーマの作品は幅広く支持されている。生活実感のなかでの宗教的情緒が失われているなかで、さまざまなエンターテインメントを通じて、異界イメージにアクセスすることが補償的に必要になっているのかもしれない。

一二歳の死と生と——島本理生『あなたの呼吸が止まるまで』から

『地球の秘密』という完成度の高い漫画を一気に書き上げた一二歳の少女がいた。それはのちにさまざまな言語に翻訳され、ミュージカルの定番として今も繰り返し演じられている。実はその少女は、物語を完成させた翌日に脳内出血で急死している。地元での出来事だったということもあって身近にこの話題に接していたため、完成度の高い物語の生成とその直後の死には強い衝撃を受けた。なにせ、地球の秘密、である。家の物置の裏側に穴を掘ったり、家のなかにこの世ならざるものを感じるという形で異界イメージにアクセスしていても命に関わることはなかったが、地球の秘密にまで一二歳の少女が深くコミットするというのは、どれほどのことだろう。

もちろん、言うまでもないことだが、作品と彼女の死との間に現実的な因果関係はない。ただ一二歳で『地球の秘密』という物語を生み出したことと、その直後の死とがまったく無関係であるとは思えなかった。それ以来、一二歳という年齢と日常性を超えること、そして物語の生成と死というテーマは特別な意味をもつものとして、こころに刻まれている。

さて島本理生の『あなたの呼吸が止まるまで』(二〇〇七)という一二歳の少女の物語を読んだとき、『地球の秘密』とはまったく違う角度から、このテーマについて思いをめぐらすことになった。この物語を紹介しながら、物語の生成と死について考えていこう。

主人公である一二歳の朔《さく》は、舞踏家の父と二人暮らしだ。父の舞踏は空間そのものを変容させ、多層的なイメージを触発して霊性に近づいていくことを目指すという、エンターテインメント性とはほど遠いものである。日常的な安定と常識を求める母は、このような父と離婚して新しい家庭をもっており、朔に会いに来ることもない。父親は朔を深く愛しているし、とても尊重しているが、当然のことながら日常的な生活のフォローは充分とは言えない。日常性を超える異界のイメージを追求するというムーブメントは、どんなに愛情深くても日常とのバランスを保つことを、ときに難しくさせるのだということが思われる。

父の周囲には大勢の大人がいて、そのひとたちに日常的に囲まれていながら、朔のことを守るべき子どもとして接してくれるような、ごくふつうの感覚をもつ大人はひとりもいない。そのため朔はいつも少し緊張しながら暮らしているし、その守りの希薄さと寂しさを埋めるために敢えて大人っぽく振る舞っている。

母性的な守りが薄いなかで育っている少女にとっては、いかにも母性の固まりというような女性よりも、大人の男性がもっている淡々とした母性のほうが親しみやすいことがある。だから朔が少年っぽさを残すどこか弱々しい三一歳の佐倉さんに母性を求めたのは、ある意味、自然なことだったのかもしれない。一見、大人同士の会話をしているように見えても、佐倉さんに「はぐれると心配だから」とぎゅっと手を握られると「心配されて手をつなぐことも、優しく抱きしめられることも、全然、足りてない。本当はもっと欲しいのだと思いながら押し止めていた気持ちが溢れ出して、我慢して黙り込むので精一杯」なほど、子どもとして母性を強く求めている自分に朔は気がつく。

臨床場面でこの年齢の子どもと出会うと、この時期の子どもがもつ透明感と潔癖さ、そして繊細な感性には胸を打たれることがよくある。それと同時に、妙にしたたかで世俗的でずる賢いところや、性的なもののうごめきに揺さぶられ始めている様子からは、透明感だの繊細さだのとはほど遠い一面を強く感じることもある。子どもとしての晩年を過ごすこの時期は、さまざまな終わりと始まり、純粋と不純、精神性と身体性がダイナミックに交錯しているのだと感じる。

個人差は大きいものの、一二歳というのは子どもとして完成し、ある種の純粋さが頂点に達する年齢であると言ってもいいだろう(この時期が、自分の人生のピークだったと感じているひともけっこういる)。また、性が本格的に介在してくる思春期前夜の緊張に満ちている時期でもある。そんなときに自分が求めているのが母性なのか性なのか、その区別などつくわけがない。

佐倉さんとの関係は、彼の弱さゆえ、あるとき性的なものがダイレクトに介在してしまう。そのときの強い嫌悪感と身体が求める熱との葛藤に、朔は「その瞬間、私はまるで永遠の双子のように思っていた身体から突き放されるのを感じ」たのだ。これは朔にとって、母性を無邪気に求める子どもだった自分と訣別した瞬間であり、性的な存在としての自覚を強制的に迫られる体験だった。

直観の鋭い父は、朔に何かあったのではないかと訊ねるのだが、朔は何も語らない。しかしそれは「話せなかった」のではなく、意志の力で「話さなかった」のである。何があったのかという表面的な事実と、そのときに自分が受けたダメージの複雑さと深さは必ずしも一致しない。朔の体験したことは、事実からすると回復が難しいほどの深い傷としてはとらえられない可能性もあるものだった。そのため、ありがちな被害として扱われてしまうと、それは取り返しがつかないほどに自分自身を損なってしまうものであることを朔は感じていたのだと思う。

この「秘密」を抱えていくことは、大げさに聞こえるかもしれないが、一二歳の少女にとって「地球の秘密」に匹敵するほどの「秘密」である。この物語は、最後まで読み通さないと『あなたの呼吸が止まるまで』というタイトルの意味はわからない。しかしこのタイトルによって読者は物語全体に満ちている死の気配を感じながら読み進めることになる。

この秘密を抱えながら自分を損なわずに生きていくためには、秘密があること自体は知っていても踏み込まずに守ってくれるひとが不可欠だ。朔には同級生の田島くんという存在があった。朔は、自分自身のたましいを守るためにすることを見届けてほしいと、彼に真剣に頼む。朔が彼に望んだことは「じっと何も聞かずに見ていること」と、そのことを頼んだことも見たことも「誰にもずっと秘密にすること」だった。朔にそういうことを頼まれた田島くんは、何が何なのかよく分からないままに、質問ひとつせずに、まるごと、その役割を引き受けるのだ。田島くんにとっても朔の真剣な依頼とその約束を一生守ること自体が、自分自身(の「見えない身体」の次元)を大切にすることにつながっていくことに、どこかで気づいていたのだろう。

朔が田島くんに求めたものは、クライエントがセラピストに求めるものにも通じるもののように感じる。このようなクライエントと出会うとき、その「地球の秘密」に匹敵する重みをしっかりと受け取りながら、約束を守り通すことができたなら、セラピストの側の「見えない身体」も守られていくように思う。

朔は、何十年後になったとしても、いつかこの体験を物語の形をとって表現しようと決意する。彼女がいつか書こうとしている物語は、佐倉さんの社会的な死を願うような復讐ものではない。無垢で弱く、優しい甘えに飢えていた子どもの死の物語なのだ。

「子どもとしての死」の物語を丁寧に紡ぐことこそが真に一二歳のときの自分を守ることになると、田島くんに遠くから見守られたあとで、彼女は気づくのである。

進歩や成長の裏側を支えるもの

この章の最初に紹介した購買のおばちゃんという存在は、すごい勢いで学校から消えていっている。合理的、経済的に考えると、購買という場所の存在意義は、ほぼなくなっているのだろう。

そして不便で寒い古い家も、そこで快適に住み続けるためにはどんどん新しいものに変えていく必要がある。そんなのは当たり前のことなのだが、繊細なセンサーで、その変化の裏側で失われた暗闇や混沌の喪失を感じとるひともいる。

『地球の秘密』では、人類が発展していく裏側で、地球の環境が急速に変わっていくのをどう守ることができるのか、地球の歴史を紐解きながら、一二歳の少女が自分たちにできることについて詳細に表現している。変化の裏側で失われていくものに対しての繊細なセンサーが、地球規模で発揮されている。これはもう天啓を受けて書かれたものと言うしかなく、そこで作者の少女が受け取ったものは「見える身体」の許容範囲をはるかに越えるものだったのだろう。

そして、『あなたの呼吸が止まるまで』のなかで自分自身が生きていくために「子どもとしての死」の物語を書こうと一二歳の少女が決意をするということも、性的なものが介在していく大人になるという成長の裏側で起こった苦しい体験をしっかりと抱えていこうとする意志の表明だ。

自分のセンサーの範囲で感知できないものは、「ないこと」や「異常なこと」になってしまいやすい。ここでは、特にセンサーのキメが細かいひとたちについて紹介することになるが、そのひとたちがそう感じるのがよいとか悪いとかの問題ではなく、そういうひともいるのだという、当たり前の事実を知ってもらうことが大切なのだと思う。

そして自分が自分であるということを知るという、一見、何でもないようなことの裏側には、さまざまな物語が存在しているのである。

10章　思春期センサーの目盛り

センサーの目盛りの幅の違い

ここまで思春期センサーという視点を入れつつ、心理療法の現場で起こっていることを紹介してきた。このセンサーについて、『思春期心性とサブカルチャー』では、情緒的な判断や感性の度合いを示す目盛りがあると仮定して述べてみた。そこでは、マツコ・デラックスやＹＯＵやミッツ・マングローブの三人とアナウンサーの宮根誠司との対比で考えた。

マスコミでの報道やネットニュースのタイムラインは、微妙なニュアンスを排除し、単純で大きなざっくりとした目盛りで判断して、その枠組で伝えることに特化しているように思う。そのほうが「伝わりやすい」という判断があるのだろう。

そういうマスコミの目盛りはたとえて言うと、ひと目盛りが一〇㎝くらいの幅になっていて、その目盛りと目盛りの間はないことになっている。なにせ、「マス」という不特定多数に、大量に情報を届けるためには、そうせざるを得ないのだろう。だから、マスコミの代表として宮根は、ものごとを単純化して伝えることが必要になってくる。

そして、マツコたち三人を例に挙げると、こころの目盛りは、一㎜単位だ。つまり、マス的なものの一〇〇倍、細かい差異を感じとる力があるということである。この差異を感じとる能力が思春期センサーの感度の精度を表すものであり、感受性の強さを示すものでもある。

目盛りの刻みが大きいほうがはっきりわかったような気になるし、説得力もある。しかし、一般的に思春期のこころはその感性の目盛りが人生のなかで一番、細かく刻まれている時期だ。思春期の子たちがテレビなどのマスコミよりも、ネットのなかから自分にフィットするものを選ぼうとしているのも(それが偏ったものにもなりがちだが)、どこかこの目盛りの問題が関係しているのかもしれない。だからこそ、年齢問わず、このような感性の目盛りのことを思春期センサーと呼びたいのである。

マツコやミッツなどは、マイノリティの自分をずっと見つめるなかで感性の目盛りの刻みはどこまでも細かくなり、精度と感度の高い思春期センサーが常に作動しているのだろう。その感性の細かさがマスコミのなかにあっても失われずに、他に代わりがいないほどの存在感として光を放っているのだと思う。ただ、何だか番組によってはマツコのセンサーの細かさを、テレビ局の目盛りが雑すぎてちゃんと拾えていないなと思うこともある。だが、ここはテレビ時評を述べる場ではないので、話を進めよう。

こころに傷を負ったとき、ひとはそれをどうやって抱え、自分のなかに納めていきながら生きていくのだろうか。そこにどういう働きかけがあれば、少しはそのプロセスが穏やかなものになりうるのだろう。

傷と言っても、その種類や頻度や深さもさまざまだし、一見、かすり傷で時間とともに自然に修復する程度と思われるものが、ひとによっては深くえぐられる傷になる場合もある。また、その傷の影響によって生きていくうえでのいろいろな不具合や誤作動が出てしまうのに、その傷について話しても周囲からは「その程度のことで。もっと苦しい体験をしても立派に生きているひともいる」と軽く見積もられて、痛みを理解されないこともある。また、その無理解の刃を自分に向けて、「もっと深い傷のひとに比べたら軽い傷なのに、どうして自分はダメなのか」と責め続けることによって、結果的に周囲も混乱のなかに巻き込み、苦しみの泥沼から這い上がれなくなっているひともいる。

これも、先ほどの思春期センサーの目盛りの問題と関係するところだ。センサーが感知する傷の程度は、本当に個人差が大きく、自分の物差しだけで測ると大きな誤差が出てくることがある。

最終章であるこの章では、ネットを通じてのいじめが、どのような傷をひとに与えうるのかということについて、思春期の事例を通して論じたい。ネットを通じて他者から傷を負わされたとき、その体験は現実的な場面で与えられる傷とは、一段、違った様相を見せることがある。ネットという思春期センサーが刺激される場所で起こったことについて、考えていこう。

ネットいじめが与える傷

「直接やられるのは、まだ逃げ場がある」と、相談室に来談してきていた高二のRくんが、来談して三カ月ほどたった頃、唐突に話し始めた。彼は中学のとき、クラスでも権力をもっているある子から、スレ違いざまにいつも強い肩パン(肩にパンチ)をされたり、足をひっかけられて転ばされたりして、それを見ている取り巻きの数人の子たちからいつも笑われていたという。「そのときは、毎回すごく嫌だったし、すごくキツかったけど、一番、仲のいいヤツと一緒にいるときはされなかったし、あれはふざけてるだけなんだって自分に言い聞かせて、ヘラヘラしていた」らしい。「その連中とはいつメンでもあったので、関係が悪くなると学校での居場所を失うことになる」から、「ことを荒立てたくなかった」のだという。第二章のAくんからも「事を荒立てたくない」という言葉は出ていたが、この言葉は、私調べに限ると、女子よりも男子のほうがよく使う。

また自分が「いじめられている」と認識すると、それは「いじめられるということは、嫌われていることなんだ」と感じるのが、もっとも怖いことだから、「ふざけているだけだ」と自分で思い込むようにしていたという。そしてRくんは冒頭の言葉のように、そんな肩パンなどによる直接の暴力は「(被害の)範囲が(学校に)限られているから、逃げ場がある」こととしてとらえていたのである。その頃の彼は成績も上位で、部活やその他の活動などにも熱心に取り組んでいたらしい。高校生になった今の彼の様子からも、温厚で繊細な感性をもった子なのだろうということは、その語りの雰囲気や佇まいから充分に感じられていた。

高校二年になった彼が相談室にくることになったのは、不登校になったからだった。その前兆は、登校しなくなった二週間前の期末試験のときにあった。答案用紙の裏に、びっしりとたくさんの目を描き込んでいたのだった。高校生になってからの彼は、普段からやる気がなく、いつもだるそうにしていたが、そんな異様なことをしたのは始めてだった。

それに加えて、彼とオンラインのゲームでつながっている生徒からの教員への相談も重なった。その生徒が言うには、ゲームをしているときに同じパーティを組んでいるRくんがあり得ないミスをしたので、つい熱くなってチャットで咎めたら、「もう生きていられない」「いつ死のう」「死ぬしかもう道がない」と、Rくんが返してきたのだという。「そんなこと言うキャラじゃないやつだったので」

冗談かと思っていたが、その直後、ゲームから姿を消し、連絡もつかなくなったし、翌日から学校にも来なくなったので、自分が責めたせいでRくんに何か起こったのではないかと不安になってその生徒が教員に相談したのだった。

このふたつの出来事が重なったため、Rくんは親と教員から説得され、まったく気が進まないなか、とりあえず一度だけはと強制的に来談させられることになったのだ。

来談当初、彼は「別に話をすることはないんです。ただもう頑張る気がなくなっただけで」と何も語ろうとしなかった。ただイヤイヤながらも来談してきたことに望みを掛けて、オセロをしながら雑談だけでつなぐ面接を繰り返していた。そして三カ月ほど経ったときに、冒頭の「直接やられるのは、まだ逃げ場がある」という発言から、中学校の頃の話を始めたのだった。彼にとっては「いじめられること」イコール「ひとから嫌われること」であり、そのレッテルを貼られるのがもっともキツいことなのだということだけは痛いほど伝わってきたが、まだ話に続きがありそうだった。

その後、彼は続きを何も特に語らず、ただオセロだけをして帰っていく回も続くなか、ある日、中二のときのある出来事を話し始めた。

いつも肩パンをしてきていた連中が、彼がトイレの個室から出てきたところを写真に撮り、それと用便とを絡めた品のない言葉をネットで拡散したのだという。彼はオセロの手を止めて、盤をじっと見ながら「大げさだって思うかもしれないけど、世界中に、こいつはいじめられてるやつだって知られてしまった感じがした」と絞り出した。「自分のことを知ってるひとだけじゃなくて、話したこともないひとまでみんなこのことで僕を笑ってるんじゃないかって思った」「その写真付きの投稿に、臭っ！とか、こいつキモイとかリプ（リプライ。投稿への返信のこと）つけてるひとがたくさんいた。でも裏アカでリプされてると、誰が書いてるのかわからない。仲よくしてるやつが、裏ではバカにして書いてんじゃないかと思うと、もうどこにも居場所がないと思った」と彼は顔を伏せたまま語った。

その投稿のことを女子生徒が教員に伝えたため学校の知るところとなり、彼らには厳しい指導が入った。その連中からの「謝罪という名の、場を収めるためだけの儀式」はあったものの、そのときの自分にとってはそんなことはもうどうでもよくて、このような生徒指導上の大ごとの問題になり、めちゃくちゃ面倒くさいことになったなと思っていたという。そんなことよりも、「リプをつけてきたひとたちが大勢いたことのほうがショックだった」という。

「リプをつけるというのは、僕のことを嫌いだからそうしたんだと感じた」「自分のことを嫌いなひとたちが大勢いるんだということが分かったとき、世界が終わったと思った」「いくらそんなこと、あるわけがないと言われたとしても、そうとしか思えなかった」「それからは、もう、余生です」と、彼は語っていた。

彼にとって、中学のときのことを未だに引きずっているというのは、誰にも言えないことだった。その件が公になったとき、完全に相手のほうが「加害者」なので、彼には何の非もないと周囲の大人たち全員は彼を全面的にかばった。そして「もうこんなくだらないことは忘れて前を向いていこう」と、励まされた。中三になってクラスも離れ、いつメンでもなくなったし、本当に、そうしたかった。希望の高校にも無事合格し、その連中とは別の高校になったし、部活にも勉強にも一生懸命、取り組もうとした。でも、その「くだらないこと」でときどき、自分の頭はいっぱいになってしまい、とても気持ちを前向きにもっていくことなどできなかった。他の中学校の出身で仲よくなったひとも、「もしかしたらあの投稿を見ていたんじゃないかと思う気持ちが常によぎる」ので、どこかで気持ちにブレーキがかかって、もうどうでもよくなってしまう。みんなに見られてる、みんなに知られてる、みんなに嫌われてるという気持ちがＭＡＸになると、叫び出しそうになる、と彼はうつむいたまま小さな声で話し続けた。

答案用紙の裏側に書かれたたくさんの不気味な目は、そのような見られている感覚に襲われて不安がいっぱいになったときに描かれたものなのかもしれないと思った。個人が特定できない無数の目に見られ、いたぶられている感触が、彼のなかには消えずにずっとまだあるのだ。

現代の思春期のネットとリアル

今は、班が同じだからとか、嗜好が似ているもの同士が一緒になるはずの部活が同じだからと言っても、自然に人間関係ができるわけではない(もちろん、学校やその学年の雰囲気によって違いはあるが)。ましてクラスが一緒であっても、いつメンという親密圏に入っておかなくては連絡も回ってこないし、遊びに誘われることもない。たとえ同じ部活の同じ学年に属していてもいつメンがいないと、当たり前の連絡さえ回ってこないということも起こりうる。それは彼らの感覚ではいじめではなく、「いつメンじゃなかったから、うっかり忘れた(それが何度も重なっただけ)」という程度のこととして処理されることもある。昔からグループ化の問題というのは思春期にはつきものだったが、年々、そのグループの存在が単なる仲よしグループの凝集性と排他性という問題だけではなくなり、ご近所づきあいのような共同体の様相を呈していることについても、先に述べた。

感覚を共有することのできる友人との自然で密な関係をもっとも求める時期なのに、それとご近所づきあいとが混ざり合ってしまうことで、慢性的な傷を受けている子もいるということにも触れたが、このRくんにもそういう部分があったように思う。また、これも先に述べたがいつメンであっても、友だちとは限らないという不可解な感覚を思春期に体験し続けると、こころが回復力を失って、大人から見ると「たいしたことないこと」が深い傷になり、何年もこだわり続けてしまうことがある。Rくんの思春期センサーが感知して、それを深い傷として受け取ったものは、センサーのキメの荒いひとたちからすると、「どうしてそんな程度のことで」「もう何年も前に解決したことなのに」となるのだと思う。

Rくんに肩パンをしてきていた子とは、八人くらいの大所帯のいつメンだったらしいが、クラスのなかでも影響力のあるグループだったということだった。だからこそ、肩パンがどんなに嫌でも、こちらがいじめ案件にしてしまうようなことをして、クラスでの居場所を失うようなことはできないという気持ちが彼には強かったようだ。

ネットから受けるダメージ

Rくんが登校できなくなったのには、中学のときのネットでの体験が今に至るまで尾を引いていた部分があるのは間違いないだろう。彼は、「うわさ話とか、誰かの悪口とかでも、リアルだとよく知らないひとの話なら、みんな、ふーんとかへーとか言うだけで終わるけど、誰かがネットで晒されているらしいということがSNSで話題になると、それはネタとしてどんどん広がっていく」という。「どうせみんなすぐに忘れてしまうから気にするなって先生も親も言ってたけど、あのときの絶望は忘れられない」と、ネットで叩かれて炎上した有名人が自殺をしたという報道があるたびに、自分も死んだほうが楽なんじゃないかという想いが押し寄せてきていたのだという。そして「もう今は何も起こってないのに、そんな些細なことにいつまでもこだわっているのはおかしいっていうのは分かってるから、親にも言えない。でも、どうしてもそこに返ってしまう」のだと語った。

ひとからはわからない傷を負っていると、生き延びるために、それまでとは性格が変わることがある。彼も実際、中学生のときとはまったく違って、やる気や前向きさなどまったくなくなってしまっている。彼のように、その傷が、どちらかというと「些細なこと」としてとらえられてしまう場合は、そこにこだわり続けることが本人の「弱さ」や、「特性」の問題に還元されてしまうことも多い。しかしネットによってつけられた傷の複雑さは、リアルでの無視による排除や直接的な暴言や身体的な暴力の悲惨さとは、また違う形で、大きなダメージを与えることがあるということは知っておかねばならないだろう。そのことを、彼は冒頭の「直接やられるのは、まだ逃げ場がある」という言葉で示していたのだ。

そしてRくんだけでなく、いろいろな思春期の子たちと会っていて感じるのは、「自分は嫌われている」と感じることが、いかにその子のこころを深くえぐるのかということである。Rくんが「いじめられるということは、嫌われていることなんだ」と感じるのが、もっとも怖いことだから、「ふざけているだけだ」と自分で思い込むようにしていたというのは、彼なりの防衛だったのだろう。「何かしたときに(親や先生に)怒られても、怒鳴られてもそれは全然、怖くない。嫌われるのが一番、怖い」という話は子どもたちからよく聞く。誰にどれだけ嫌われても全然、平気だというひともなかにはいるのだろうが、一般的には「嫌われる」ということはダメージが大きいため、それを避けるために必死でエネルギーを使うひとは多い。

オセロをしながらRくんが、「ネットがあると、自分のことを嫌いなひとがいるっていうことを認識することが増えるような気がする」とつぶやいたことがあった。ネットで晒されて、それにリプがたくさんついたのが彼にとってどれほど「嫌われている」という感覚を呼び起こすものだったのが思われた。そして彼は、フォローしてくれていたのにフォローを外された、フレンドを切られた、知らないうちにブロックされていたなどがあるたび、「ああ、自分のこと嫌いなんだな」と感じるのだという。特に親しくしていたひとでなくても、どこかの誰かから無用のひととして切られる感覚を知るというのは、かすり傷ではあるものの、彼のように思春期センサーのキメが細かいひとにとってはそのつど、「嫌われた」という痛みが走るのだ。こういうことはネットでは当たり前のことだし、自分だって特に深く考えずに同じことをすることもあるのだから、まったく気にしないというひとがいるのはわかる。でも、リアルな人間関係ではおよそできないことを簡単にしているドライさがそこにはあるため、ネットの向こう側には生きている人間がいるということを感じているRくんのようなひとほど、傷を受けやすいのだろうと思う。

あるとき、彼といつものようにオセロをしながら話をしていたら「でもなー、自分もひとをよく傷つけてる。学校行ってないことで親も傷ついてるし、ゲームで熱くなった友だちに、何か言われたって、何だかパニックになって死にたくなったとか言って落ちて（接続を切って）しまったけど、あいつも僕に嫌われたって思ってるんじゃないかな」と彼が言った。その話をしたあとで、彼がオセロの駒を置いたところ、次々に裏返りの連鎖が起こっていき、ほぼ半々だった白と黒が、全部真っ黒に変わったのである。これはパーフェクト勝ちというたまに起こるもののようだが、目にしたのは初めてだった。白がすべて黒になっていくというあまりの展開に、思わず彼と目を見合わせて爆笑してしまった。彼はまるで発作のように笑い続け、なんでこんなにおかしいのかということがまったくわからないままに、こちらもつられて涙が出るほど笑ったのだった。

鬼の笑い ——河合隼雄の解釈から

その爆笑の面接が終わったあとから、彼は家にあった父親のギターに興味をもち、好きな曲を練習し始めたり、ネットゲームに戻って、あのときの友人とまた同じパーティで闘うようになったりした。そして自分で弾いたギターの曲をスマホに録音してきて聞かせてくれるようにもなった。そうしてしばらく経った頃、彼は夢を報告してきた。それは、

高い塔のような建物の一番、上の部屋にいる。そこは窓がなくて風が吹きさらしになっている。高い塔だと思っていたけれど、山の頂上なのかもしれない。雲が足もとに見える。気を抜くと下に落ちて死ぬんだろうなと思う。周囲はもやがかかっているみたいにぼやけていてどこにも誰もいないよう。でも、目を凝らしていると、ずっと向こうに同じ高さの塔というか山があって、そ

Rくんの描いた絵(模写)

の天辺にもひとがいることがわかる。どうしたら自分がここにいることが伝えられるのだろうと思う。そのひとも、自分の他に誰かがいることを求めているのがわかる。僕は、なんとかしてそのひとに僕の存在を伝えたいと思っている。

というものだった。そして、「絵でちょっと説明すると……」と言って、この夢を絵に描いたのである(上の絵)。

地面から遠く離れ、天上を想像するようなところに彼はいるようだ。そこにひとりで居ながら自分の存在を遠くにいる誰かに何とかして伝えたいという想いをもっている。その他者とリアルにつながるためには、険しい山を地面まででいったん下りて、いくつもいくつも山を越えて、向こうの山か塔(?)の麓まで行き、そこからまた急な道を上がっていくしかない。実際に出会うためにはそのような道筋が必要になるのかもしれないが、でも別の回路を使ってつながることもできるのかもしれない。「どんなに距離があって、実際には出会えなくても、ネットとかがあればつながることはできるような気がしていた」と夢のなかでの実感について彼は述べていた。彼を傷つけ、ひとから距離をとって遠ざけることになったネットという回路が、今度は、自分と同じような場所でひとりでいる孤高の存在とつながるための手段にもなりうるのかもしれないという感覚が、彼のなかに生まれているのだ。彼のイメージのなかで、どういう手段をとってでも、自分の存在を他者に伝えたいという想いが出てきたということが、どれほど大きなことかと思った。

この爆笑のあとの彼の変化について「鬼が笑う」という視点から考えてみたい。

『鬼の子小綱』は、鬼と人間の子である片子が主人公の昔話である。共同体に馴染めず、異質感をその身に刻まれているひとにとっても日本文化を考えるうえでも考えるべきことが多く身につまされる昔話であるが、今回は、オセロでパーフェクトゲームが成立したときの爆笑について、まず考えてみたい。そのため、非常にざっくりであるが(本当にざっくりである)、『鬼の子小綱』のなかから、「鬼が笑う」箇所を紹介しよう。

鬼から逃げるために船に乗った母子をつかまえようと鬼は海水をごくごくと飲んで船を引き寄せようとした。その鬼に、ふいに女性器を見せたところ鬼が大笑いをして水を全部吐き出し、それで母子は無事に逃げることができた。

と、現代語訳にしてまとめると、このような箇所がある。

河合隼雄が『昔話と日本人の心』(一九八二)のなかで、この「鬼が笑う」ということについてこのように論じている。

天照大神が天の岩屋戸から出てくるきっかけになったのも、笑いであった。そのことからも、笑いは広義においてすべて「開け《ひら》」と関係していると河合は述べている。この「開け」という言葉は、宗教的な開示へとつながっていくことを示す言葉である。そして「われわれ人間が、ある限定された空間を唯一の世界として認識しているとき、それを超えた世界の存在を突如として体験させられる。そのとき、われわれは「開け」を体験する」とある。そして鬼の底抜け笑いがすべてを相対化してしまって「絶対的な相対化」が水平方向に生じ、それが「開け」を示しているのだという。

鬼と人間(母子)だったら、鬼が絶対的に強いに決まっている。ところが、鬼が底抜けの笑いをしたことによって、その絶対的な力の差がなくなり、相対化され、それが「開け」につながるということだと理解することができるだろう。

Rくんの場合も、こちらも巻き込まれるほどの言葉にならない笑いの発作が起こったとき、この「開け」が生じたと考えてみてはどうだろうか。「嫌われること」の恐ろしさやネットを経由して与えられた傷が、どんなことよりも絶対的に優位になってしまい、無力感に打ちのめされていた地点から、一挙にそれが相対化され、そこにある種、宗教的な「開け」が生じたと考えてみることもできるのではないだろうか。

このような「笑い」が生じたあとで、彼自身のこころが生み出した創造物とも言える夢の報告が初めてあったのも興味深い。しかも、日常的な感覚の夢ではなく、雲の上にある天上での「開け」を感じさせる夢であったことからも、あの「笑い」はそれまでの彼が縛られていた布置を変える力をもっていたのではないだろうか。このような形で、呪縛が解けることもあるのだと思う。

その後、彼は高校には戻らず、高卒認定を受けて大学に進学していった。

ときを待つということ

「あなたはまったく悪くないのだから、そんなことは気にしなければいい」「実際に起こってもいないことを想像して怖がる必要はない」というような励ましは、それを受け取る準備が整った状態にあるひとにとっては、まさにそうだ！と思えて、気持ちを変えることが可能になるアドバイスとして響くことだろう。でもそれは、その言葉を受け取る準備ができているという条件つきになる。

Rくんの場合も、上記のような言葉をずっと励ましとしてかけられていたが、なかなかそう思うことはできず、そう考えることができない自分を情けないと責めて、また苦しみが増えていた部分もあった。そして、「嫌われている」「さまざまなことで、想像してそれで傷を受けてしまう」という、受け身の意識からどうしても自由になることができずにいた。

そんな彼がオセロをしながら、「でもなー、自分もひとをよく傷つけてる」という言葉をふと口にしたことは実に大きい。傷を受ける一方の自分から、そうではない自分もいるという発見があったということだ。

これは、自分に何か悪いところがあったから、嫌われているんじゃないかと思い悩む感覚とはまったく違う(そういう部分は、Rくんにもあった)。その感覚は、傷を受けて傷ついていることに何らかの因果関係を見出して、自分に引きつけて考えていこうとするものである。このような反省が意味をもつひともちろんいるが、Rくんの場合は余計に、ひとと関わることへの心配を募らせるだけだった。

これは、世界から傷つけられるばかりだったと思っていた自分が、その世界に対して関わりをもつときには自分も傷を与える側になっている可能性があるという意識に覚醒したといってもいいことだろう。これは、単なる因果関係とは違うレベルの感覚だったと思う。その話をした直後に、ほぼ半々だった白と黒が全部真っ黒に変わるというパーフェクト勝ちを彼がしたということと、その後に現実的な変化が起こったということからも考えられる。

白がすべて黒になっていくという展開は、深読みをすると、傷つけられるだけという真っ白な存在が、真っ黒という影(傷つける側)に反転しうるのだということを示したとも言えるだろう。こういう反転が現実的な場面で起こると、傷つけられた側が今度は傷つける側になる。ひどいいじめをしている子が、実はいじめや虐待の被害者である場合があるという悲しい事実の裏側にはこういうことがあるのだと思う。

彼の場合、それが心理療法の場面で、オセロを通じて象徴的なレベルで起こったことが幸いだった。止めることができない爆笑の渦(本当に、お互い、発作のようだった)という身体を巻き込んだ、尋常ではない体験は、ある種の暴力性も感じられるものだった。

このような変化の「とき」が訪れるまでには、長い時間が必要になってくる。現実に戻るための積極的で具体的な働きかけはもちろん大事であるが、それが上手くいかない場合、このようにじっくりと「とき」がくるのを焦らずに待つ方法も重要なのではないかと思う。

ふたつの時間――クロノスとカイロス

これは、拙著『思春期心性とサブカルチャー』で、別のクライエントについて考えるときにも紹介したことだが、最後に時間のことを考えるにあたって、「時間の神」のことについて述べておきたい。

ギリシャ神話によると、暗闇のなかに、まず大地の神ガイヤと天空の神ウラノスという神が生まれた。そして父ウラノス、母ガイヤから、ときを司る神クロノスが生まれた。これは、天と地にこの世が分かたれて世界が生まれたあとで、時間の流れが始まったという世界観を示しているものだろう。このクロノスは、クロック(時計)とかクロニクル(年代記)とかクロノロジカル(時系列)という時間に関係する言葉の語源だとされている。つまり、誰にでも平等に存在している時計やカレンダーなどで計れる時間のことをクロノスという。

このクロノスという時間の神は、生まれた自分の子どもを次々に食べて殺してしまったのだという。これは時間という圧倒的な力に逆らって永遠に生きることができる人間などひとりもいないということを示している。一〇〇年も時間が経てば、ひとはみな時間に食い殺されてしまうのだ。ところが末っ子のゼウスだけがクロノスに殺されることなく、生き延びたのである。そしてゼウスはギリシャ神話最強の全知全能の神になる。つまり全知全能の神というような存在でない限り、時間という圧倒的な支配を超えることはできないということなのだ。

また、自然のリズムのみに従って生きていけるような世界ならともかく、高度に文明化された社会で生きていこうとすると、どうしてもクロノスの神に細かく生活を支配されて生きていくことを強いられる。だから、トイレットトレーニングが始まる頃から、私たちは自分の身体やこころを、このクロノス時間とどう折り合わせていくのかという、果てのない努力をしていくことになるのである。一刻も早く、気持ちを立て直すことを強いられるというのは、このクロノス時間にこころを無理矢理合わせていくことを求められているということだ。それが苦しくてたまらなくなっているひとは実に多い。

クロノス時間のほかに、もうひとつの時間が存在する。それは、カイロスという時間の考え方である。このカイロスもギリシャ神話の神で、チャンス(機会)を意味する前髪しかない神さまのことを指しているという説もある。チャンスに限らず、カイロスはそのひと自身の意識に変化をもたらすような意義深い運命的な「とき」のことを表すと考えられている。

ひとが思春期センサーで感じとっているものは、このカイロスに関係しているように思う。効率や経済性というクロノスが強いるものから遠いだけに、無駄なものとして軽んじられることも多い。思春期センサーが感知するものは、不要不急のものばかりと思われることも多いし、クロノスが支配する世界との相性がときに、徹底的に悪くなることもある。

でも、ひとが生きていくことを真に豊かにするのも、この思春期センサーあってこそではないかと思っている。

参考文献

岩宮恵子『思春期をめぐる冒険――心理療法と村上春樹の世界』日本評論社、二〇〇四年、新潮文庫、二〇〇七年、創元こころ文庫、二〇一六年増補版
岩宮恵子『フツーの子の思春期――心理療法の現場から』岩波書店、二〇〇九年
岩宮恵子『思春期心性とサブカルチャー――現代の臨床現場から見えてくるもの』遠見書房、二〇二四年
鎌田東二『身体の宇宙誌』講談社学術文庫、一九九四年
河合隼雄『母性社会日本の病理』中央公論社、一九七六年
河合隼雄『昔話と日本人の心』岩波書店、一九八二年
斎藤環『社会的ひきこもり――終わらない思春期』ＰＨＰ新書、一九九八年
島本理生『あなたの呼吸が止まるまで』新潮社、二〇〇七年、新潮文庫、二〇一一年
高石恭子「風景構成法における構成型の検討」山中康裕『風景構成法その後の発展』岩崎学術出版社、一九九六年
土井隆義『キャラ化する／される子どもたち――排除型社会における新たな人間像』岩波ブックレット、二〇〇九年
中沢新一『アースダイバー』講談社、二〇〇五年
西加奈子『ふくわらい』朝日新聞出版、二〇一二年、朝日文庫、二〇一五年
ほったゆみ(原作)・小畑健(漫画)『ヒカルの碁』一九九九～二〇〇三年
文部科学省「新しい学習指導要領の考え方――中央教育審議会における議論から改訂そして実施へ」二〇一七年
https://www.mext.go.jp/a_menu/shotou/new-cs/__icsFiles/afieldfile/2017/09/28/1396716_1.pdf
柳田国男『遠野物語』一九一〇年

柳田国男『遠野物語』角川文庫、一九五五年
養老孟司『「自分」の壁』新潮新書、二〇一四年
Bühler, Ch. (1921) *Das Seelenleben des Jugendlichen*（＝原田茂訳『青年の精神生活』協同出版、一九六九年）

初出一覧

岩宮恵子「遠野物語と心理療法――異界につながる物語の力」『季刊 東北学』第二三号「特集 遠野物語百年」、九三頁～一〇二頁、二〇一〇年
岩宮恵子「一二歳の物語――島本理生『あなたの呼吸が止まるまで』」『児童心理』臨時増刊第九三九号『思春期のこころ』、一三八頁～一四七頁、二〇一一年
岩宮恵子「「ぼっち」恐怖と「イツメン」希求」『精神療法』第三八巻第二号「現代思春期・青年期論二〇一二」、二三三～二三五頁、二〇一二年
岩宮恵子「不登校事例をどう見立てるのか」『臨床心理学』増刊第四号「事例で学ぶ臨床心理アセスメント入門」、一〇六～一一一頁、二〇一二年
岩宮恵子「思春期心性とイメージ」『箱庭療法学研究』第二五巻第二号、一〇一～一一九頁、二〇一二年
岩宮恵子「現代の意識と「物語」」『こころの科学』一七五号、八一～八七頁、二〇一四年
岩宮恵子「イメージが治癒力をもつとき」『箱庭療法学研究』第二八巻第二号、六九～八三頁、二〇一五年
岩宮恵子「親だけど思春期――ママ友という名のイツメン」『こころの科学』一九三号、六〇～六五頁、二〇一七年
岩宮恵子「人が怖くなるとき――最近の思春期臨床から」『こころの科学』二〇一号、七八～八二頁、二〇一八年
岩宮恵子「秘密と嘘をめぐる思春期心性――私も知らない「私」の秘密」『こころの科学』二一三号、二三～二八頁、二〇二〇年
岩宮恵子「『ふくわらい』論――「見える身体」と「見えない身体」をつなぐ」『ユリイカ』「特集＝西加奈子」、八五～九一頁、二〇二〇年

岩宮恵子「ネット「いじめ」がもたらす傷――現代の思春期の問題から考える」『精神療法』第四七巻第四号「複雑性PTSDを知る」、四四四～四四九頁、二〇二一年

岩宮恵子「スクールカウンセリングの現場から――「解離っぽい」ことの裏側にあるもの」『こころの科学』二二一号、七四～七九頁、二〇二二年

岩宮恵子「心理療法と異界」『精神療法』第四八巻第一号「「異界」の意識と精神療法」、五二～五六頁、二〇二二年

岩宮恵子「臨床で抱えていくもの――変容の臨界点での感覚から」『精神療法』増刊号第九号「こころの臨床現場からの発信」、六～一一頁、二〇二二年

岩宮恵子「『遠野物語』と心理療法――異質なものとの遭遇という思春期心性の視点から」『現代思想』臨時増刊一五〇巻八号「総特集　遠野物語を読む」、一六七～一七六頁、二〇二二年

岩宮恵子「臨床の内的な枠組みとしてのユング心理学」『精神療法』第四八巻三号「ユング派精神療法の危機と未来」、三二三～三二六頁、二〇二二年

岩宮恵子「自分のこころに出会う場所」シンリンラボ創刊第一号　https://shinrinlab.com/feature001_02/

以上の論説と、二〇一九年に博士論文として提出したものとを合わせて再構成し、大幅な加筆と修正を行った。

あとがき――思春期センサーで感じとる「何か」

一人では一人になれない

「レンタルなんもしない人」という、X(旧Twitter)発信で話題になり、本が出版されたり、ドラマになったりテレビのドキュメンタリーでも放映されたりした「何もしない」ひとのことをご存じだろうか。交通費以外は料金が発生しない代わりに、簡単なやりとり以外は何もせず、ただ、側にいるだけのひとだ。カラオケで歌うのを聞いてほしい、一人で入りにくい店に一緒に入ってほしい、話をただ聞いてほしいというような依頼に応えている(料金についてはいろいろあって、今は一件につき一万円となっているらしい)。

彼は依頼内容とその結果を公開しているが、彼を通じて語られる依頼者の様子からは、普段、活発にSNSで交わされているような感情や感覚の共有を、リアルな場でリアルなひとと静かに行うことを求めているひとが数多く存在していることが伝わってくる。身近に友人や家族がいるひとでも、そのひとたちには気を遣わねばならないし、その後の関係に影響があるからとためらって、なんもしない彼をわざわざレンタルする若いひとも多い。SNSで誰とでも手軽につながれるものの、やはりリアルな生身のひととのつながりは、生きる実感につながる大きな意味をもっている。

そんななかで、とても印象的な依頼についての記述があった。

それはいろいろなことに疲れ果てた挙げ句、飛び降りをしたひとからの「飛び降りた現場に行きたい」という依頼だった(まだ入院中だったため、その依頼者は外出許可をとったという)。その現場に同行したところ、「姿は見えるけれど話はできない所にいてほしい」と言われたので、彼は少し遠くに離れた。そうしたところ、「自分の本当の依頼内容は「一人になりたい」だったのかもしれません。一人では一人になれないので。(中略)一人にさせてくれる自分のための他人がいることはとても贅沢だと思いました」というメッセージがその依頼者から送られてきたのである(レンタルなんもしない人のXより引用)。

飛び降りなくてはならないほどに追い詰められていた依頼者が、再びその現場に行ったときに「一人では一人になれない」という他者の存在を求める地点にたどり着くためには、ただそこに「居る」だけの「なんもしない人」の存在が必要だったのだ。

河合隼雄先生は、さまざまな著作で繰り返し、自分の臨床は「何もしない」「無為」であることに全力を傾注することに特徴があると述べておられた。河合先生は現実的な部分では「何もしない」ことで、変化が起こるための器を提供し、クライエントのなかに生まれてくるものや、その結果として起こることに対して、どれだけオープンになれるのかということにすべてを賭けておられたのだろう。

もちろん、河合先生が目指しておられた臨床と、「レンタルなんもしない人」の「何もしない」ことを同列に考えることは絶対にできない。河合先生の臨床は、文字通りの「何もしない」では決してないからだ。

しかし「いかに現実的に役立つか」「どれだけ即効性があるか」という、効率と経済性が強く求められる今の社会で、「何もしない」という在り方が静かに支持を受けているのは注目に値する。

ところで、クライエントの現実適応がよくなったことにシンプルに喜んでいたら、それはクライエントが治療者を代表とする世間の期待に応えていただけ、ということもある。それはそれでいい場合もあるだろうが、ひとの期待に応えるという在り方は、クライエントが「一人になれている」状態とは言えない。

「レンタルなんもしない人」の飛び降りをした依頼者のように、クライエントのなかには、一人になりたくて、面接室にやってきているひともいるに違いない。「一人になりたい」、つまり自分の存在を静かに深く感じたいという願いが叶うためには、何も邪魔をせず、自分の存在をこころに留めながら一人にさせてくれる他者の存在がどうしても必要になる。

河合先生の「何もしない」「無為」に全力をあげるという治療は、クライエントに対しての深い敬意があってこそ成り立つものだ。クライエントの無意識を含めたすべてを信じてそこに一緒に居ることができたとき、クライエントはきっと「一人になる」ことができる。そこから、きっとクライエントにとって本当に必要な「何か」が生まれてくるのだろう。

このような時間も手間もかかる治療は、効率やエビデンスが重視される時代の風潮には合わないのもよくわかる。しかし「レンタルなんもしない人」を必要とするひとたちがいるように、直線的な解決を目指さずに、「一人になる」ことを支えていく臨床を必要としているひとたちもいる。

心理療法の現場にあるもの

自分の臨床の流れを振り返ってみると、学校現場でも医療現場でも、現実に働きかけるためには何をどう考えたらいいのかといった、とにかく実際に役立つことを分かりやすく他職種のひとたちに伝えることを求められてきたなと思う。現場が必要としているのは、これなのだ。どこまでも具体的で現実的なレベルのことをどう伝えるのかということに注力することが、心理職の役割として求められている。これはなかなかに難しいことだったが、何とかそういう役割を続けることができたのには理由がある。

それは現実的な問題に加えて、その判断のもとになっている考え方や、クライエントの行動や症状の裏側にある深いこころの動きに関する理解の方向性について、とても熱心に聞こうとしてくださる他職種のひとたちが、予想以上に多かったからである(もちろん、まったく関心を持たない方もおられるが)。

思春期のひとたちのセンサーが感知しているであろうものを、イメージを広げて想像しながら共有し、その奥にある繊細なこころに一緒に目を向けてくださった他職種の関係者の方々には本当に助けていただいた。そういう視点をもっておられる方たちとの仕事だったからこそ、現実的で具体的な話をしていても大事な「何か」を失わずにいられたんだと思う。

心理療法の現場には、今までの当たり前がいきなり失われてしまったひとや、自分で自分(の気持ちや行動)をコントロールできずに困惑して苦しんでいるひとたちがやってこられる。また本文のなかで繰り返し述べてきたように、ネットの存在も影響していると思われるが、自分自身が広く薄く拡散してしまって、何に困っているのか、何に悩んでいるのかもおぼろげななか、こころの表面にザラザラとついた治らない傷の痛みを抱えてさまざまな不具合を抱えたひとも訪れてくる。

そんな方たちとの時間のなかで、ああ…！という感嘆詞でしか表現できない「何か」の感覚を共有する瞬間がある。その瞬間にバラバラだった事象が「何か」の形をとろうとしている兆しを感じるのだ。無理矢理、言葉でこじつけると、そのときの「何か」は、イメージが生成することを実現させていくためのネットワークが形成された瞬間の感覚なのかもしれない。

この「何か」は、瞬間の感覚でありながら、そこにはクライエントの存在のすべてが込められているような密度も感じる。このギュッと凝縮された「何か」が、心理療法という時間のなかで展開されて、目に見える形や語りで表現されたものが夢や箱庭や絵などのイメージ表現になっていると考えてもいいかもしれない。そして心理療法のプロセスのなかで表現されたイメージが治療的な力をもつためには、この「何か」を治療者とクライエントが同時に同じ深度で感じる瞬間が必要なのだと思う。これはお互いのセンサーで感知したものが一致したということなのかもしれない。

変化を促す力をもつ表現のパワー

「はじめに」でも述べたが、今回、詳しく紹介した事例は、本質的なところは損なわないようにしながら、事実関係についてはさまざまに変更を加えて守秘に配慮している。そして念には念を入れて、その変更を加えたものをそれぞれのクライエントに確認をしていただいた。

そのクライエントの方たちからの、「自分が読めば、自分のことだということが分かるけれど、これなら他のひとには分からないと思う」「同じようなことがあれば、今も同じ状態になると思うけど、今度は自分から相談できると思う」「あの頃はわからなかったけれど、大事なことをしてたんだなって思った」という言葉は、とてもありがたかった。快く許諾してくださったクライエントのみなさま、本当にありがとうございました。

そして箱庭や絵はそのまま元本を載せるのではなく、すべて私の手で再現したのだが、これがとても貴重な体験になった。

箱庭にフィギュアを置いたり、絵を描いたりというそのプロセスを丁寧に再現することで、そのときのクライエントが何を感知していたのか、リアルに追体験できたような気がした。もちろん、それは自分の一方的な感じ方でしかないが、そのクライエントのことを思いながら再現していたときに、自分のなかの思春期センサーが活性化する感覚があったのは確かだった。

そして、再現による体験はそれに留まらなかった。その絵を描いたり、箱庭を作ったりしたクライエントのことだけではなく、別のクライエントのことなども次々に自分の無意識のアーカイブのなかから浮き出てきたのである。そうすると言葉では追いつかない「何か」を感知するセンサーが、活性化というよりも途中からは暴走気味になって、何だか一人でぐったり疲れてしまった。変化を促す力をもつ表現のパワーを、こういう形で味わうとは思わなかった。

模写や再現でもこんなにエネルギーを使うのだから、自分が変わっていくだけの「何か」を自分の内側から表現という形で出すというのは並大抵のことではないということを改めて実感した。

これは美術を専門にしているひとからすると当たり前のことなのかもしれないが、模写というのは、細部までの観察が行き届くようになるのと同時に、気持ちの入れ方によっては、こういう深い同調作用があるのだなと思った。クライエントの絵を模写したり、箱庭を再現することなどめったにないだけに、こういう共感の回路が拓ける可能性もあるというのは新たな発見だった。

この本ではイメージが治癒力をもって立ち上がり問題が解消に向かっていった劇的な例を紹介したが、もちろん、このような展開に恵まれることばかりではない。治癒力をもつような大事な語りとかイメージとかは、そう簡単に生み出されるものではない。面接のたび、毎回、毎回、岩盤(立ちはだかる問題)にノミを打っても、傷の一つもつかなかったし、まったく掘り進めることができなかったというような状態を、クライエントとともにずっとただただ続けていくことも多い。しかしきっといつかは、どんなにささやかなものであっても大切な水脈にたどりつけるはずだという希望をもち続けるというのが、心理臨床の仕事を続けていくということなのではないかと考えている。

おわりに

本書は、島根大学を退職するにあたっての卒業論文のような気持ちで取り組んだ。『フツーの子の思春期』でお世話になった田中朋子さんに、今回の卒論にも伴走していただいた。田中さんとの打ち合わせは、書籍という現実の成果を目標としながらも、その奥にある繊細なセンサーのありようについて静かに共有できる大事な時間だった。田中さんの言葉で、もやがぱっと晴れることもあり、治療者とクライエントの関係を編集者と著者という立場で体感させてもらった部分もある。本当に、ありがとうございました。

そして島根大学のスタッフのみなさんには、言葉では言い尽くせないほど、私の大学教員としての日常と相談センターでの臨床を支えていただいた。どう感謝していいかわからないほど、感謝している。ありがとうございました。また、真摯に学問や臨床に向かう姿勢で、いつもエネルギーをくれていた学部生や院生のみなさんにも心からのお礼を言いたい。レポートで思春期の頃をふり返って書いてくれた内容に刺激を受けることも多かった。ありがとうございました。

最後に、関わらせていただいたすべてのクライエントさんと、今も関わらせていただいているクライエントさんに、こころからの感謝を伝えたい。本当にありがとうございました。そして、これからもご縁が続く方たちと、個人のカウンセリングルームで、「何か」を大事にしていく臨床を続けたいと思っています。どうぞよろしくお願いいたします。

二〇二五年二月

岩宮恵子

付記　本研究はＩＤホールディングスからの次世代育成のための研究助成を受けました。

岩宮恵子

臨床心理士，公認心理師．聖心女子大学文学部卒業後，鳥取大学医学部精神神経科研究生を経て，2001年島根大学教育学部准教授．2006年同教授．2017年より島根大学人間科学部開設に伴い，同学部心理学コース教授．島根大学こころとそだちの相談センター長兼務．1995年よりスクールカウンセラーとして小・中・高校に派遣され豊富な臨床経験をもっている．京都大学博士(教育学)．2025年3月をもって島根大学を退任，個人のカウンセリングルームを開設予定．

主な著書に，『生きにくい子どもたち——カウンセリング日誌から』(岩波現代文庫，2009年)，『フツーの子の思春期——心理療法の現場から』(岩波書店，2009年)，『好きなのにはワケがある——宮崎アニメと思春期のこころ』(ちくまプリマー新書，2013年)，『思春期をめぐる冒険——心理療法と村上春樹の世界　増補版』(創元こころ文庫，2016年)，『思春期心性とサブカルチャー——現代の臨床現場から見えてくるもの』(遠見書房，2024年)などがある．

思春期センサー —子どもの感度，大人の感度

2025年3月14日　第1刷発行
2025年6月13日　第2刷発行

著　者　岩宮恵子《いわみやけいこ》

発行者　坂本政謙

発行所　株式会社 岩波書店
〒101-8002 東京都千代田区一ツ橋2-5-5
電話案内 03-5210-4000
https://www.iwanami.co.jp/

印刷製本・法令印刷

ISBN 978-4-00-061684-3　　Printed in Japan